Bio's Bohnensuppe

2 Dosen weiße Bohnen
Suppengrün geschnitten
1 Flasche Ketchup
2 gr. Zwiebeln — ger. Speck
2 große Becher saure Sahne
Bouillon-Würfel
(Rotwein)
pro Person 2 Debreziner
Zucker
Zitrone
Lorbeerblatt
Pfeffer
Paprika
Thymian
Majoran
Bohnenkraut
1 Schuß Rotwein

© Verlag Zabert Sandmann GmbH
München
Jubiläumsausgabe 2002
ISBN 3-89883-038-1

Zeichnungen	Franziska Becker und Papan
Fotos	Christian von Alvensleben
Redaktion	Reinhardt Hess & Claus Lüttig
DTP	Reinhardt Hess
Grafische Gestaltung	Zero, München
Herstellung	Karin Mayer, Peter Karg-Cordes
Lithografie	Kruse Reproduktionen, Vreden
Druck & Bindung	MOHN Media · Mohndruck, Gütersloh

  »alfredissimo! Kochen mit Bio«
ist eine Produktion der Pro GmbH Köln
für den Westdeutschen Rundfunk Köln

Alfred Biolek

Meine Rezepte

Mit Zeichnungen von Franziska Becker und Papan
und Fotos von Christian von Alvensleben

Inhalt

Meine Rezepte

KAPITEL 1	**Meine Art zu kochen**	6–15
KAPITEL 2	**Vorspeisen und Salate**	16–31
KAPITEL 3	**Suppen, Eintöpfe und Aufläufe**	32–47
KAPITEL 4	**Pasta und Risotto**	48–65
KAPITEL 5	**Gemüse und Beilagen**	66–81
KAPITEL 6	**Fisch und Meeresfrüchte**	82–95
KAPITEL 7	**Geflügel**	96–113
KAPITEL 8	**Fleischgerichte**	114–139
KAPITEL 9	**Nachtisch und Süßes**	140–155
ANHANG	**Rezeptregister**	158–159

Einleitung

Meine Art zu kochen

Die vor Ihnen liegende Sammlung von Rezepten, die ich »Meine Rezepte« nenne, ist nichts anderes als der bereinigte und auf den neuesten Stand gebrachte Inhalt meiner Küchenkladde. In dieser – im Lauf meiner »Küchenkarriere« dritten – Kladde stehen die Rezepte, nach denen ich jetzt gerade koche. Ja, ich koche nach Rezepten. Ich gehöre nicht zu den genialen Improvisatoren, die, wenn sie mit dem Kochen anfangen, noch nicht wissen, was es zum Schluß geben wird und die, »creating by doing«, einfach während der Zubereitung ein Gericht entwickeln.

Einkaufen mit Liste

Ich koche nach Rezept und gehe auch mit einer Zutatenliste einkaufen. Aber wenn ich merke, daß es das, was ich für das geplante Essen brauche, nicht oder nur in schlechter Qualität gibt, stelle ich beim Einkaufen um. Und dann heißt es auch oft: improvisieren, denn ich habe weder die Zutaten für ein Ersatzessen auf dem Einkaufszettel noch gar mein Kochbuch mitgenommen. Ich wandle dann das geplante Gericht ab und kreiere so ein nicht ganz neues, aber doch verändertes Gericht. Ähnlich geht es mir beim Kochen selbst. Ich nehme das Rezept als Basis, als Stütze, die mir eine gewisse Sicherheit gibt, daß ich mich vor denen, für die ich koche, nicht blamieren werde. Das heißt, daß ich mich nicht sklavisch an das Rezept, seine Zutaten und Mengenangaben halte.

Improvisierte Abwandlungen der Rezeptvorlage haben viele Gründe: Eine bestimmte Stimmung, die nach einer schärferen oder milderen Würzung verlangt als im Rezept vorgeschlagen. Oder: Es geht etwas bei den Vorbereitungen daneben und es fehlen dadurch plötzlich Zutaten. Oder ich habe bei aller Umsicht doch falsch oder zuwenig oder schlechte Ware eingekauft, was sich manchmal erst beim Auspacken zu Hause herausstellt. Oder ganz einfach: Fritz kommt zu Besuch, also überhaupt kein Knoblauch, auch wenn das Rezept es verlangt.

Kurzum: Die von mir gesammelten und hier vorliegenden Rezepte sollen nicht als Koch-Bibel verstanden werden, es sei denn, man geht davon aus, daß die verschiedenen Kirchen mit der Bibel und ihrer Botschaft doch auch sehr freizügig umgegangen sind.

Einleitung

Ich habe nun versucht, für diese – öffentliche – Ausgabe meiner Rezeptkladde die Zutatenmengen einigermaßen korrekt anzugeben, so daß sich der Anfänger daran halten kann, ohne eine Katastrophe zu erleiden. Die Mengen sehe ich als eine Art Vorschlag, an den sich der erfahrenere oder der mutige Benutzer nicht halten wird. In meiner Original-Kladde stehen viele Rezepte ohne genaue oder (was noch schlimmer ist) mit schwer nachvollziehbaren Mengenangaben. Besonders die Rezepte meiner Mutter, von denen in meiner neuesten Sammlung nur wenige noch enthalten sind, wimmeln von Angaben wie: 1 fingerbreit Butter, 2 1/2 Tassen Milch, 17 EL Mehl. Aber eine begnadete Köchin, wie sie meine mährische Mutter war, braucht keine präzisen Angaben – außer beim Backen, was mich persönlich allerdings nie gereizt hat.

Das Erbe des Geschmackssinns

Von meiner Mutter habe ich zwar nicht das Kochen selbst, aber die Liebe zum Essen und später auch zum Kochen gelernt. Ich glaube, ich habe auch etwas von ihr geerbt: Die Fähigkeit, Geschmack zu erahnen und dann eine Speise, besonders eine Sauce, so zuzubereiten beziehungsweise so abzuschmecken, zu verfeinern oder zu verändern, daß sie diesem Geschmack entspricht. Wenn mir das ganz gelingt, dann stellen sich jene raren Glücksmomente des Kochens ein, die alle Mühen und alle Arbeit rechtfertigen.

Obschon ich, ohne der Genforschung vorgreifen zu wollen, fest daran glaube, daß der Geschmackssinn wenigstens zum Teil ererbt ist, so wie die Lust am Kochen etwas ist, was man hat oder nicht, so weiß ich natürlich, daß die Entwicklung des Geschmacks und seine Übertragung von den Geschmacksnerven auf eine Sauce auch eine Frage jahrelanger Übung ist und daß dabei die Erinnerung eine ganz große Rolle spielt.

Die Bedeutung der Erinnerung für den Geschmack wird ganz deutlich, wenn man an Wein denkt. Wer sich bewußt daran erinnert, wie ein Glas Bordeaux vom feinsten Jahrgang und besten Chateau geschmeckt hat, wird einen bitteren Rotwein sofort als solchen identifizieren. Dies gilt aber nicht nur für die sogenannten großen Weine. Wer einmal bewußt einen sauberen, frischen, gut gekühlten, wenn auch ganz einfachen Riesling vom Rhein oder Grauburgunder aus Baden getrunken hat, wird einen weißen Billigwein, wie er viel in Italien produziert

Einleitung

wird, nicht mehr akzeptieren. Insofern ist es fürs Kochen auch sehr wichtig, bewußt zu essen – im Restaurant, bei Freunden oder zu Hause. Die Erfahrungen und Erinnerungen prägen dann den eigenen Geschmack. Sofern ein Sinn dafür vorhanden ist. Siehe oben …

Wie meine Rezeptsammlung zustande kam

Wo meine Rezepte herkommen? Aus allen Himmelsrichtungen und den verschiedensten Quellen. Ich lese viele Kochbücher und finde manchmal dabei ein Rezept, das mich interessiert. Ich probiere es aus. Wenn das Gericht nicht nur geklappt hat, sondern auch bei meinen Gästen und mir großen Anklang gefunden hat, dann kann es sein, daß ich es in meine private Rezeptsammlung aufnehme – vorausgesetzt, daß es ein Gericht dieser oder ähnlicher Art in meiner Kladde noch nicht gibt.

Die Übertragung in meine Sammlung hat zwei Gründe: Erstens notiere ich alle beim Kochen aufgetretenen Klippen oder ich verändere das Rezept so, wie es bei mir funktioniert hat. Zweitens vergesse ich das Gericht nicht. Wenn man viele Kochbücher hat, müßte man ein ausgeklügeltes System von Lesezeichen und Seitenhinweisen haben, um beim Überlegen der Speisenfolge fürs nächste Essen die Anregungen zur Hand zu haben.

Der größere Teil meiner Rezept-Kladde kommt nicht aus Kochbüchern, sondern von Freunden oder Bekannten, einige von meiner Mutter und gelegentlich welche aus Koch-Zeitschriften. Wenn ich in Restaurants etwas esse, was mir sehr gut schmeckt, kann es passieren, daß ich den Küchenchef frage, wie er es gemacht hat. Oder ich versuche, es zu Hause nachzuempfinden. Auch solche Rezepte finden sich in diesem Buch. Aber den regsten Austausch über das Kochen und über Rezepte überhaupt habe ich mit meinem Freund Claus Lüttig, der sich als freischaffender Künstler seine Zeit so einteilen kann, daß er täglich frisch einkauft und jeden Abend für sich und seine Frau Karin kocht. Karin kenne ich seit fast 30 Jahren – sie ist die genialste Mit-Kocherin! Ohne die Hilfe von Claus hätte ich weder meine Kochsendung »Alfredissimo« noch dies Buch zustande gebracht. Danke, Claus.

Ich sagte zu Anfang, daß ich bereits die dritte Rezept-Kladde benutze und daß sie die Rezepte enthält, nach denen ich jetzt

Einleitung

koche. Ich habe Mitte der sechziger Jahre angefangen, regelmäßig für Freunde und andere Gäste zu kochen.

Geschmack im Wandel

Natürlich haben sich seit damals meine Geschmacks-Erinnerungen und damit meine Kochgewohnheiten erweitert, verändert, verbessert. 30 Jahre Kochen und bewußtes Essen muß bei jemandem, der jeden Stillstand haßt und jede Veränderung im Sinne eines Weitergehens liebt, zu neuen Kladden führen. Ein Beispiel sind die Rezepte meiner Mutter. Obschon sie die schweren Speisen der böhmisch-mährischen Heimat meist durch leichtere, bekömmlichere Gerichte ersetzt hatte, zog sich durch ihre Küche doch noch ein K.u.K.-Geschmack, beeinflußt von Kräutern, Gewürzen und Gewohnheiten der alten Donaumonarchie. Das sind die Gerüche meiner Kindheit. Aber sie sind längst überlagert durch neue Eßerfahrungen, neue Gerüche, neue Geschmacks-

Einleitung

richtungen. Meine Mutter hätte wahrscheinlich mein heißgeliebtes Olivenöl als ranzig abgetan (außer sie hätte die Zeit gehabt, es kennenzulernen, sie war Neuerungen gegenüber sehr aufgeschlossen).

Geprägt hatten mich nach den kulinarisch schrecklichen Studienjahren mit lieblosem Mensa-Fraß die ersten Jahre meiner Zeit beim ZDF ab 1963, in denen wir mit den Kollegen mittags essen gingen. Zuerst in jugoslawische Restaurants, wo ich den vertrauten Geruch der K.u.K.-Küche vorfand. Dann sehr bald und vehement zu den überall aus dem Boden schießenden Italienern.

Der Blick in fremde Töpfe

Irgendwann merkte ich, daß ich das noch von meiner Mutter stammende Rezept der gefüllten Paprikaschoten jahrelang nicht mehr in die Koch-Tat umgesetzt hatte. In die zweite Kladde wurde es gar nicht mehr aufgenommen.

Ende der 60er Jahre war ich als Produzent der ZDF-Sendung »Nightclub« sehr viel in Paris. Und wir fingen an, nach Italien zu fahren. Auch meine Reisen in die Türkei führten zu neuen Genuß-Erinnerungen. Bei so viel guten Einflüssen konnte mich die Oregano-Knoblauch-Attacke liebloser griechischer Restaurantküche nicht verderben, obschon ich die meisten Ferien auf griechischen Inseln verbrachte. Auf dem Umweg über die USA kam ich der asiatischen Küche näher. Mein Wok stammt aus New Jersey, samt wunderbarem chinesischen Kochbuch von Tante Lorna. Ihr handschriftlich mit drei Kreuzen versehenes Gericht (»Huhn mit Wasserkastanien«) wurde eines meiner Lieblingsgerichte.

Die Sammlung der von mir regelmäßig benutzten Rezepte, wie sie nun vorliegt, hat weder eine eindeutige regionale Färbung noch enthält sie viele exotische Gerichte. Außer dem eindeutig italienisch geprägten Kapitel zu Pasta und Risotto ist es eine bunte Mischung jener leichten heutigen Küche, die stark von Italien, aber auch von vielen anderen Regionen, sogar fremden Kontinenten beeinflußt ist.

Es sind vorwiegend Gerichte, die schnell zuzubereiten sind, aber trotzdem »etwas hermachen«, womit man bei Gästen Eindruck schinden kann. Standardgerichte wie Rindsrouladen oder eine Weihnachtsgans, Spargel oder Bratkartoffeln habe ich nicht in meiner Kladde stehen. Dafür habe ich immer einige Klassiker der Kochliteratur in der Küche.

Einleitung

Natürlich spiegelt die Rezept-Sammlung auch Moden und Trends im Koch- und Eßverhalten einer bestimmten Schicht in Deutschland wieder. Wie bei der Kleidung kann man die Urheber der Trends und der Mode nur partiell orten. Vieles hat mit praktischen und beim Kochen und Essen auch gesundheitlichen Erwägungen zu tun. Aber daneben gibt es auch ausgeprägte Modeerscheinungen, wie das »TIRA MISSU«, das ich neulich sogar in der Gourmet-Diaspora einer griechischen Kykladeninsel vorfand. Ich habe darauf verzichtet, eine Rezeptvariante dieses schon überstrapazierten Desserts hier aufzunehmen.

Gummi auf Tomaten

Einigen Modegerichten habe ich mich hemmungslos hingegeben, zum Beispiel der Caprese-Vorspeise, besser bekannt als Tomaten mit Mozzarella und Basilikum. Ich habe diese Vorspeise schon zu einem Zeitpunkt geliebt, als sie in Deutschland kaum bekannt war. Als allerdings der Tomaten-Mozzarella-Vulkan ausbrach, habe ich versäumt, das Rezept sofort aus meiner Sammlung zu streichen (es ist nun mal so schnell und einfach zu machen…) und habe somit sicher mit dazu beigetragen, daß die Mozzarella-Produktion die große Nachfrage aus Deutschland nicht mehr befriedigen konnte und daher auf weißen Kautschuk ausweichen mußte. Jetzt gibt es bei mir dieses Gericht nur noch mit Buffalo-Mozzarella, der heute so gut schmeckt wie früher der normale Mozzarellakäse, nur einen wesentlich höheren Preis hat.

Ich frage mich, wann das gleiche mit dem Rucola, der guten alten deutschen Rauke, passieren wird, die als neueste Mode aus Italien bis jetzt noch sehr oft auf meinem Eßtisch zu finden ist. Daß es Rucola schon das ganze Jahr über gibt, ist das erste Anzeichen dafür, daß es Züchtern gelingen wird, auch aus diesem Salat den typischen Geschmack, vor allem die köstliche Bitterkeit, herauszubringen.

Ich sprach vorher vom Geschmack und Geruch der Küche meiner Mutter. Ich habe an nur wenige Ereignisse meiner Kindheit eine so deutliche Erinnerung wie an jenen Tag in jedem Frühjahr, an dem es zum ersten Mal Gurkensalat gab. Es war wohl meistens am Sonntag (gute Köchinnen haben einen Sinn für Dramaturgie) und es war jedesmal ein Fest. Das ganze Haus, eine große Villa im Bauhaus-Stil, roch nach den frisch gehobelten Gurken. Sie wurden mit viel Dill und saurer

Einleitung

Sahne als Salat serviert. Wir hatten einen ganzen Winter lang auf diese Delikatesse gewartet und freuten uns darauf, mit den frischen Gurken und ihrem Duft, an den ich mich heute noch mit meiner Nase erinnern kann, den Frühsommer zu begrüßen. Heute gibt es beim Gedanken an Gurken nichts, worauf ich mich freuen könnte, nicht auf den Geschmack und schon gar nicht auf einen Geruch, der so intensiv wäre, daß er ein großes Haus erfüllen könnte.

Es gibt wieder gute Zutaten

Ich will nicht einstimmen in das große Jammern über die Tomaten-Placebos. Es gibt inzwischen die guten Stammtomaten, die mir Geruchserinnerungen an die Paradeiser, wie die Österreicher zu Tomaten sagen, meiner Kindheit zurückbringen. Und es gibt in fast allen Bereichen von Lebensmitteln – wieder – exzellente Waren. Nur ist es teuer und zeitaufwendig geworden, gute Zutaten zum Kochen zu bekommen. Rind und Kalbfleisch beispielsweise kaufe ich nicht mehr beim Metzger um die Ecke.

Da ich, dank meines wunderbaren Hausarztes, schon seit vielen Jahren keine Antibiotika eingenommen habe, will ich das nicht sozusagen durch die Hintertür via Kalbsschnitzel oder Rinderbraten doch noch tun. Also muß ich das Fleisch beim Bio-Betrieb per Post bestellen oder zu einem kundigen Bio-Metzger (dem oft erwähnten »Metzger meines Vertrauens«) gehen und der hat seinen Laden nicht in meinem Viertel. Teurer ist er natürlich auch, was ich klaglos akzeptiere. Das normale Metzgerfleisch ist seit vielen Jahren im Preis gleichgeblieben oder sogar leicht gesunken. Das kann meiner Meinung nach nur durch eine mit allen chemischen und medizinischen Keulen ausgestattete Massentierhaltung ausgeglichen werden. Solches Fleisch will ich nicht essen. Damit der Fleischkauf nicht zu zeitaufwendig und teuer wird, habe ich mich seit Jahren stark auf Geflügel, Kaninchen und Lamm konzentriert. Geflügel kaufe ich nicht im Supermarkt, sondern auf dem nahen Wochenmarkt oder im Geflügelfachgeschäft. Meins liegt im Zentrum der Stadt, wo ich oft hinkomme. Lamm kaufe ich bei meinem türkischen Metzger. Schafe werden noch nicht in Internierungslagern aufgezogen – sie brauchen die Freiheit, die Luft und die Weide.

Bei Obst, Gemüse und Salaten achte ich sehr auf die Jahreszeit. Zumindest da, wo es notwendig ist oder Sinn macht. Der Eisberg-Salat ist zu jeder Jahreszeit gleich:

Einleitung

Er hat wenig Geschmack, ist aber knackig und kann mit anderen, aromatischeren Salaten und Kräutern das ganze Jahr verwendet werden. Mein Lieblingssalat – die Herzen vom deutschen Freiland-Kopfsalat – ist nur im Sommer zu genießen.

Die Treibhaussalate der übrigen Monate haben kein Herz. Im wörtlichen wie im übertragenen Sinn! Bei Spargel unterscheide ich zwischen grünem und weißem. Grünen, den ich fast nur lauwarm als Vorspeise oder Salat esse, kann man fast das ganze Jahr über in guter Qualität bekommen. Beim weißen Spargel aber kommt keiner an den deutschen heran – und den gibt es bekanntlich nur in der Spargel-Saison. Daß ich ihn dann meist nur in Restaurants esse, liegt daran, daß ich zu faul zum Schälen bin.

Man muß auch sehr genau unterscheiden, woher die Ware kommt, um beurteilen zu können, ob sie saisongerecht ist. Ein grüner Spargel aus Kalifornien kann, wenn bei uns Winter ist, dort draußen gewachsen sein. Wenn Steinpilze im Winter aus Südafrika kommen, ist dort gerade Sommer und sie sind sicher draußen, vielleicht sogar im Wald, gesammelt worden. Schließlich gab es schon immer bei uns die saftigsten und besten Orangen im Winter, weil sie aus den Teilen der Welt kommen, wo es dann warm ist.

Einleitung

Leider kommt heute der größte Teil der Salate, des Gemüses und des Obstes das ganze Jahr – ob Sommer oder Winter – aus künstlich beleuchteten, künstlich gedüngten, das Wachstum beschleunigenden Zuchtstationen. So schmecken sie dann auch, nämlich nach gar nichts.

Frische ohne Dogma

Ich habe mich schon zu Beginn meiner Kochversuche auf frische Zutaten konzentriert. Aber da bin ich nicht dogmatisch. Himbeeren zum Beispiel schmekken tiefgekühlt besser als zerquetschte, angefaulte, frische Beeren, die es zu kaufen gibt. Himbeeren (und andere Waldbeeren) leiden beim Einfrieren nicht so wie Erdbeeren oder Spargel. Tomaten, geschält oder in Stücken, aus Dose oder Packung sind nicht viel schlechter als frische. Es gibt gefriergetrocknete Kräuter, die, wenn sie mit Feuchtigkeit in Berührung kommen, wieder zu erstaunlichem Leben in Duft und Geschmack auferstehen. Im Winter kann das eine Alternative zum Beispiel zu Dill aus dem Glashaus sein, der dann oft nach gar nichts riecht und schmeckt.

Maroni (Eßkastanien) aus dem Glas sind so gut wie frische – und machen viel weniger Arbeit. So wie ich bei der Frische nicht dogmatisch bin, so wenig bin ich es auch bei Fonds, Brühen und anderen Grundsubstanzen. Die Industrie hat ja inzwischen sehr gute Produkte auf den Markt gebracht, die man besonders bei Gerichten mit intensivem Aroma, wie einem Huhn auf indische Art, sehr gut verwenden kann. Wenn es schnell gehen muß, verwende ich die guten davon auch zu empfindlicheren Gerichten wie für mein geliebtes Risotto al parmigiano. Natürlich würde da eine selbstgemachte Brühe noch besser schmecken. Naja …! Bei Wein habe ich die Sitte, zum Kochen könne man billigen Wein nehmen, er »verkoche« ja sowieso, längst ad acta gelegt. Es muß nicht immer der gleiche sein, den man auch zum Essen trinkt. Bei mir ist das allerdings die Regel, da ich nur zu besonderen Anlässen einen Grand Cru oder Pouilly Montrachet aus dem Keller hole. Wie ich am liebsten einfache Gerichte esse, so trinke ich meistens einfache, saubere Weine, die ich dann auch zum Kochen nehme. Insgesamt ist mein Motto beim Essen und Trinken noch immer: »Vom Einfachen das Beste«!

P.S.: Und was ich noch vergessen habe – natürlich nehme ich Pfeffer und Parmesan immer nur frisch gemahlen beziehungsweise frisch gerieben!

 *Vorspeisen und Salate*

Vorspeisen und Salate

Freude an Vorspeisen und Salaten

Wenn ich Gäste zum Essen eingeladen habe, beginnt der Abend meistens mit einem Glas Sekt oder Champagner, das wir im Stehen, sozusagen zur Begrüßung, trinken. Wenn man sich ein Glas Champagner oder Sekt (es gibt guten deutschen Jahrgangssekt, oft von kleineren Erzeugern) nicht leisten will, könnte man die Gäste schon mit einem Glas von dem Weißwein vor dem Essen begrüßen, den man beim ersten Gang servieren will. Ich nehme da gern leichten Riesling vom Rhein oder einen Gutedel aus Baden.

Cocktails, Sherry, Campari, trockenen Wermut und andere Aperitifs trinke ich mal am späten Nachmittag an einer Bar, meistens, wenn ich auf Reisen bin. Aber zur Einstimmung auf das Essen sind diese klassischen Aperitifs längst »out«, sie passen überhaupt nicht zu den Weinen, die beim Essen serviert werden.

Zu diesem ersten Glas gibt es bei mir immer kleine Vor-Vorspeisen als Appetitanreger. In der feinen Gastronomie werden sie »amuse gueule«, Amusement für den Gaumen, genannt. Mit den Rezepten für diese kleinen »Starter«, wie man sie in den USA nennt, beginnt das erste Kapitel.

Wenn ich, wie leider sehr oft, nicht viel Zeit zum Vorbereiten habe, besuche ich einen der türkischen oder italienischen Lebensmittelläden in meiner Nachbarschaft. Dort bekomme ich verschiedene kleine, fertige Vorspeisen, wie sie überall im Mittelmeerraum zu finden sind. Das kann sein: ein Schälchen Olivenpaste, Paprikamus, eingelegte Gemüse, Meeresfrüchte in Öl, schwarze und grüne Oliven, eingelegter Schafskäse. Und dazu vom Bäcker ein Fladenbrot. All das richte ich zuhause auf meinem Küchentresen an und backe, ehe meine Gäste eintreffen, das Brot im Backofen knusprig auf – vorher mit etwas Wasser bespritzt, dann trocknet es nicht aus.

Erst danach setzen wir uns an den Tisch und beginnen mit dem ersten Gang, der eigentlichen Vorspeise, zu dem ich auch die Salate zähle.

Ich kann mir ein richtiges Essen ohne Vorspeisen kaum vorstellen. Aber die Vorspeise muß ganz leicht sein, den Appetit eher anregen als schon stillen. Das trifft auf fast alle Rezepte dieses Kapitels zu. Für gehaltvollere Gerichte gilt: einfach weniger davon servieren.

 *Vorspeisen und Salate*

Am liebsten: Salat vorweg

Weil ich meist wenig Zeit zum Kochen habe und weil sie an Leichtigkeit alles überbieten, serviere ich als ersten Gang am häufigsten Salate. Beim Salat kennt meine Fantasie keine Grenzen. Es läßt sich fast alles kombinieren.

Ich meine nicht nur die verschiedenen Blattsalate, sondern auch rohe Champignons, Radieschen, rohen Fenchel, Tomaten und so weiter. Wenn ich einen Salat mit sehr intensivem Eigengeschmack finde, etwa Rauke (Rucola), Brunnenkresse oder Löwenzahn, dann mische ich ihn nur mit neutralen Salaten wie Kopfsalat, Eisbergsalat oder Eichblattsalat und verzichte auch ganz auf Kräuter. Für die gängigen, oft etwas faden Salate ist allerdings ein Aufwerten durch Schnittlauch, Dill, Basilikum, Liebstöckel und andere frische Kräuter empfehlenswert. Als

Vorspeisen und Salate

Salatsauce rühre ich fast ausschließlich eine Vinaigrette, weil sie den Eigengeschmack der Salate und Kräuter nicht zudeckt. Sie ist ganz einfach zu machen (siehe Seite 25), wichtig ist nur, daß die Zutaten von bester Qualität sind, das heißt, das Öl darf nicht ranzig und der Essig nicht zu alt sein.

Gute Qualität bedeutet keinesfalls, daß man ein sündhaft teures Olivenöl von einem ganz bestimmten Gut in der Toskana oder einen 20 Jahre alten Balsamessig (Aceto balsamico) verwenden muß. Aber wer billigen deutschen Haushalts-Branntweinessig, der eigentlich nur sauer ist und sich in erster Linie zum Entkalken von Wasserkesseln eignet, verwendet, darf sich nicht wundern, wenn seine Salatsauce nicht schmeckt.

Essig: ein teurer, aber wenig

Gerade beim Essig und auch beim Senf soll man nicht so sparen. Da Lilo Aureden in ihrem Kochbuch »Was Männern so gut schmeckt« schon vor über 30 Jahren sagte: »Für den Salat Öl wie ein Verschwender und Essig wie ein Bettler«, wird auch ein teurer Essig kein großes Loch in die Haushaltskasse reißen. Ein sauberes Olivenöl, möglichst kaltgepreßt aus erster Pressung (heute sagt man: »Natives Olivenöl extra«) und ein neutrales Pflanzenöl reichen für die meisten Salate aus.

Für bestimmte Kompositionen ist ein Nußöl eine Delikatesse. Nußöl muß nach dem Anbruch im Kühlschrank aufbewahrt werden, Olivenöl allerdings nicht, sonst wird es flockig, es darf aber auch nicht im Hellen stehen.

Beim Essig komme ich mit Balsamessig (italienischer Aceto balsamico) und Weinessig, die ich gerne mische, für die meisten Salate aus. Für besondere Salate und feine Gerichte habe ich einen fruchtigen Himbeeressig im Haus, aber es gibt nun eine so große Fülle von Essigen, daß für jeden Geschmack sicher darunter etwas zu finden ist.

Zum Schluß noch zwei wichtige Hinweise für Blattsalate. Erstens: Die Blätter sollen vor der Berührung mit der Sauce trocken sein. Nach dem Waschen entweder in einer Salatschleuder (gibt es mittlerweile in jedem besseren Haushaltsgeschäft) trockenschleudern oder in einem Küchentuch »trockenlegen«. Zweitens: bei allen Blattsalaten darf die Salatsauce erst unmittelbar vor dem Servieren vorsichtig untergezogen werden, sonst fällt er zusammen und wird weich.

Vorspeisen und Salate

Crostini di fegatini

150 g Hähnchenleber

40 g roher Schinken, nicht zu mager

1/2 Zwiebel

1 EL Öl

3 Salbeiblätter

1 EL Butter

Zitronensaft

Salz, Pfeffer

8 Scheiben Weißbrot (Baguette)

frisch geriebener Parmesan

Die Hähnchenlebern enthäuten, putzen und in kleine Stücke schneiden. Zur Seite stellen. Den Schinken grob, die halbe Zwiebel fein würfeln. Den Backofen auf höchster Stufe (250 °C) anheizen, eventuell noch den Grill zuschalten.

Das Öl in einer Pfanne erhitzen, die Salbeiblätter kurz anbraten, dann Schinkenwürfel und Zwiebel zugeben und dünsten, bis die Zwiebelwürfel glasig werden. Die Hähnchenleberstücke dazugeben und bei starker Hitze kurz, aber kräftig anbraten, dabei umrühren, bis sie gar sind – das geht sehr schnell.

Die Pfanne vom Herd nehmen, die Salbeiblätter entfernen und die Leber mit Schinken und Zwiebel im Mixer (Blitzhacker) pürieren oder, was mühsam ist, durch ein Sieb streichen. In eine Schüssel füllen und mit der Butter zu einer geschmeidigen Creme verrühren. Mit Zitronensaft, Salz und wenig Pfeffer abschmecken.

Die Brotscheiben kurz rösten, mit Leberpüree bestreichen und mit etwas Parmesan bestreuen. Kurz vor dem Servieren im heißen Ofen ganz kurz überbacken.

Safran-Toast

Für 4–6 Personen:

1 Baguette

3 Eier

200 ml Milch

1 Döschen Safran-Fäden

Öl zum Braten

etwa 200 g Tomaten-Chutney

etwa 150 g Crème fraîche

8 Kumquats (Zwergorangen), frisch oder aus der Dose oder unbehandelte Orangenschale

Das Brot in fingerdicke Scheiben schneiden, nebeneinander auf einer großen Platte auslegen und über Nacht in der Küche oder etwa 30 Minuten bei mäßiger Hitze (100 °C) im leicht geöffneten Backofen trocknen lassen.

In einer Schüssel die Eier mit Milch und den Safranfäden gut verrühren, 30 Minuten ziehen lassen. Brotscheiben damit beträufeln, einziehen lassen, dann die Baguettescheiben auf ein Kuchengitter setzen und abtropfen lassen. In einer Pfanne in

Vorspeisen und Salate

heißem Öl bei mittlerer Hitze etwa 3 Minuten auf jeder Seite ausbacken.

Die fertigen Brotscheiben mit Tomaten-Chutney und glattgerührter Crème fraîche betupfen. Die Kumquats in Scheiben schneiden, die Kerne mit einem spitzen Messer entfernen, die Brotscheiben damit garnieren. Ganz frisch servieren.

Safran ist das teuerste Gewürz, aus den Blütenfäden einer Wildkrokusart gewonnen. Allerdings müssen die Fäden einzeln herausgezupft werden – und erst etwa 200 davon ergeben 1 Gramm Gewürz! Das erklärt den hohen Preis, allerdings auch, daß schon immer versucht wurde, das Gewürz zu »strecken« oder zu verfälschen, zum Beispiel mit gelben Blüten anderer Blumen. Auf orientalischen Märkten wird oft gelbes Kurkumapulver billig als Safran verkauft. Um halbwegs sicher zu sein, ein reines Produkt zu erhalten, sollte man immer Safranfäden und kein gemahlenes Gewürz kaufen. Übrigens kann man auch in der Apotheke danach fragen.

Eingelegter Feta

400 g Feta (griechischer Schafskäse)

4–8 Knoblauchzehen

1 EL getrockneter Thymian

gut 1/4 l gutes Olivenöl

Den Käse in 2–3 cm dicke Scheiben, diese in Würfel schneiden. Knoblauchzehen (Anzahl nach Geschmack) schälen, halbieren und mit den Käsewürfeln in ein großes Schraubglas schichten, jede Lage mit Thymian würzen. Das Glas mit Olivenöl auffüllen und in den Kühlschrank stellen. Mindestens 3 Tage durchziehen lassen.

Schmeckt herrlich auf geröstetem Bauernbrot oder Pita (Fladenbrot).

Lauchtorte

Als Vorspeise für 6–8 Personen:

3–4 Scheiben Blätterteig (tiefgekühlt, 250 g)

2-3 Stangen Lauch (je nach Größe, eher 3)

200 g roher geräucherter Speck in dünnen Scheiben

3 EL Butter

Mehl zum Ausrollen

2 Eier

1 Becher Sahne (250 g)

Salz, Pfeffer, Muskatnuß

Blätterteigscheiben zum Auftauen nebeneinander auslegen. Die Lauchstangen der Länge nach halbieren und gründlich unter fließendem Wasser waschen, das Weiße und Hellgrüne in dünne Streifen schneiden, die Speckscheiben ebenfalls. In einer Pfanne den Speck auslassen, 2 EL Butter dazugeben und die Lauchstreifen 8–10 Minuten unter Rühren garen, dann abkühlen lassen.

Vorspeisen und Salate

Den Backofen auf 200 °C vorheizen. Eine flache Auflaufform von etwa 30 cm Durchmesser dünn mit 1 EL Butter ausstreichen. Blätterteigscheiben auf einer bemehlten Fläche mit dem Nudelholz 3 mm dünn ausrollen, die Form damit bis zum Rand auslegen, den überstehenden Teig abschneiden. Die Eier mit der Sahne verquirlen und mit Salz, Pfeffer und etwas frisch geriebener Muskatnuß würzen.

Die Speck-Lauch-Mischung auf dem Teig verteilen und mit der Eiersahne übergießen. Im heißen Backofen auf der mittleren Schiene etwa 30 Minuten backen, bis der Blätterteigrand schön aufgegangen ist.

Noch reichhaltiger wird die Lauchtorte, wenn man nach der Hälfte der Backzeit geriebenen alten Gouda draufstreut!

Gebeizter Lachs oder Lachsforelle

1/2 kg Lachsfilet (aber mit Haut) oder eine Lachsforelle von ca. 800 g, vom Fischhändler filetieren lassen

2–3 Bund Dill, je nach Größe

4 EL Salz (grobes, wenn vorhanden)

4 EL Zucker

10 Korianderkörner

1 großer Gefrierbeutel

Das Fischfilet mit Küchenkrepp trockenwischen. Den Dill gut waschen und gründlich abtropfen lassen, dann grob hacken. Zucker und Salz gut vermischen, mit den im Mörser zerdrückten Korianderkörnern auf dem Fisch verteilen und mit dem Dill bestreuen. Alles in den Gefrierbeutel legen, den Beutel flachdrücken und verknoten.

Im Kühlschrank mindestens 48 Stunden ruhen lassen, dabei öfters wenden. Es bildet sich eine Lake, die den Fisch beizt.

Zum Servieren den Beutel öffnen, Fisch herausnehmen und mit Küchenpapier trocknen, schräg zum Schwanzende wie Räucherlachs in nicht zu dünnen Scheiben von der Haut abschneiden.

Dazu gibt es bei mir:

Dill-Senf-Sauce

2 Bund Dill

1 TL Senfpulver

1 TL Essig

2 TL Dijon-Senf

2 TL Zucker oder, noch besser, Honig

1 kleine Tasse neutrales Pflanzenöl

Den Dill waschen, trockenschwenken und sehr fein schneiden. Senfpulver mit dem Essig glattrühren und mit dem Dijon-Senf und Zucker oder Honig unter Zugabe von Öl zu einer geschmeidigen Sauce verquirlen. Den Dill unterrühren, fertig! Die Sauce soll einen feinscharfen, süßlichen Geschmack haben.

Vorspeisen und Salate

Räucherforellenmousse

2 frisch geräucherte Forellen (oder geräucherte Forellenfilets in Folie, gibt's im Supermarkt)

2 Schalotten, mittelgroß

1 EL Crème fraîche

ca. 100 g Sahne

Salz, weißer Pfeffer

1 Päckchen Pumpernickeltaler oder Cracker

1 Bund Dill

Die Forellen häuten und das Fischfleisch mit einem kleinen Messer von den Gräten zupfen. Die Schalotten pellen und kleinschneiden.

Forellen und Schalotten im Mixer pürieren, Crème fraîche und nach und nach so viel Sahne zugießen, bis eine geschmeidige Creme entsteht. Mit Salz und weißem Pfeffer (aus der Mühle) würzen. Gut kühlen.

Das schmeckt vorzüglich auf runden Pumpernickelscheiben oder auf Crackern, mit fein gehacktem Dill garniert.

Kretisches Omelett

3 Zwiebeln, mittelgroß

2–3 Zucchini, je nach Größe, ca. 350 g

2 Knoblauchzehen

4 Eier

Salz, Pfeffer

4 EL Olivenöl

1 Rosmarinzweig, möglichst frisch

Die Zwiebeln pellen und in dünne Ringe schneiden, die Zucchini waschen und in feine Scheiben teilen, die Knoblauchzehen schälen und fein hacken. Eier verquirlen und mit Salz und Pfeffer würzen. Olivenöl in einer Pfanne (zu der es einen Deckel gibt) erhitzen und die Zwiebelringe andünsten, die Zucchinischeiben zugeben und unter Wenden leicht braun braten. Schließlich den Knoblauch und die zerkleinerten Rosmarinnadeln unterrühren. Die Eier darübergießen, den Deckel auflegen und das Omelett in etwa 5 Minuten stocken lassen.

Vorspeisen und Salate

Grüner Spargel mit Vinaigrette

2 Bund grüner Spargel
Salz, weißer Pfeffer
4 EL Pflanzenöl
1 EL Walnußöl
1 EL Weißweinessig
1 TL Dijon-Senf
1 TL Zucker

Grüner Spargel muß, im Gegensatz zu weißem, nicht oder nur am unteren Viertel geschält werden. Dann mit einem scharfen Messer soviel unten abschneiden, bis die Schneide leicht durch die Spargelstange gleitet.

Die Stangen locker bündeln und mit Küchengarn zu einer Garbe schnüren. In einem Topf etwa 10 cm hoch Wasser aufkochen, salzen und das Spargelbündel aufrecht hineinstellen, darin etwa 3 Minuten sprudelnd kochen lassen, bis die unteren Enden der Stangen halbgar sind. Dann den Faden entfernen und die oberen Teile und die empfindlichen Spitzen gar, aber noch mit Biß kochen, je nach Dicke 3 bis 5 Minuten. Spargelstangen aus dem Wasser heben, entweder kalt abschrecken oder lauwarm servieren.

Aus beiden Ölsorten, Senf, Essig sowie Zucker, Salz und weißem Pfeffer eine Salatsauce rühren und über die Spargelstangen gießen.

Vorspeisen und Salate

Griechischer Lauch

5–6 Stangen Lauch
2 Lorbeerblätter
20 Pfefferkörner
1/2 l Weißwein (trocken)
1/2 l Wasser
1/4 l Olivenöl
Salz

Von den Lauchstangen Wurzelansatz und grüne Blätter entfernen, weißen und hellgrünen Teil in 4–5 cm lange Stücke teilen, sehr gründlich waschen. In einem Topf die restlichen Zutaten verrühren, aufkochen lassen und nach Geschmack salzen. Die Lauchstücke 15–20 Minuten (je nach Dicke) in diesem Sud garen. Vorsicht: die Stücke sollen sich nicht auseinanderlösen! In der Marinade abkühlen lassen.

Dazu reiche ich immer diesen Senf-Sabayon, der allerdings erst kurz vorm Servieren frisch zubereitet und gleich lauwarm serviert werden muß:

Senfsabayon

5 Eigelbe, sauber getrennt
1–2 TL Senf
1/10 l Weißwein
Salz
1 Msp. Cayenne-Pfeffer

In einer Metallschüssel, die in einen größeren Topf mit siedendheißem Wasser gestellt wird, die Eigelb mit dem Senf aufschlagen. Dazu eignet sich gut ein elektrischer Schneebesen, es geht aber auch mit einem normalen. Nach und nach den Weißwein dazugießen und mit Salz und Cayennepfeffer abschmecken. So lange quirlen und vorsichtig erhitzen, bis eine leichte, schaumige Sauce entstanden ist.

Nach dem Herausnehmen aus dem Wasserbad noch so lange schlagen, bis sie etwas abgekühlt ist!

Kräuter-Vinaigrette

jeweils 1 kleines Bund Dill, glattblättrige Petersilie und Schnittlauch
1 Bund Rucola (Rauke)
1 Bund Brunnenkresse
3 Frühlingszwiebeln
4 EL Pflanzenöl, neutral
3 EL Olivenöl
2 EL Himbeeressig
1 EL Dijon-Senf
1 TL Zucker
Pfeffer, Salz

Die Kräuter gründlich waschen, trockenschleudern, und – ohne die harten Stengel – fein hacken. Die Frühlingszwiebeln putzen, waschen und in feine Ringe schneiden. Aus beiden Ölen, dem Essig, Senf, Zucker sowie Salz und Pfeffer eine Salatsauce (Vinaigrette) mischen und die gehackten Kräuter unterrühren. Paßt auch wunderbar zu Roastbeef oder einer Sülze mit Bratkartoffeln.

Vorspeisen und Salate

Salat Olpe

1 große rosa Grapefruit

1 große Orange

1 großer säuerlicher Apfel (z. B. Boskop, Elstar)

1 große rote Paprikaschote

1 große Fenchelknolle

1 Granatapfel

5 EL Walnußöl

2 EL Himbeeressig

Salz, weißer Pfeffer

Dieser erfrischende Salat, der aus Sizilien stammen soll (ich habe ihn zum erstenmal in Olpe gegessen – daher der Name), ist eine Mischung aus Obst und Gemüse.

Grapefruit und Orange sorgfältig schälen und alle weißen Häute entfernen (Spezialisten schälen mit einem scharfen Messer bis knapp ins Fruchtfleisch), in nicht zu dicke Scheiben schneiden.

Den Apfel schälen und die Mitte mit dem Kerngehäuse ausstechen, dafür gibt es einen Apfelausstecher, den man für wenig Geld in jedem Haushaltsgeschäft kaufen kann. Den Apfel in nicht zu dicke Ringe schneiden.

Die Paprikaschote um den Stielansatz herum aufschneiden, die Kerne und das andere »Innenleben« entfernen, ebenfalls in Ringe schneiden.

Von der Fenchelknolle die Stiele, den Boden und von der Außenhaut alles Unansehnliche wegschneiden. Die Knolle halbieren und den Strunk, also die feste, bittere Mitte, herausschneiden. Die Hälften in dünne Scheiben schneiden, zu Halbringen aufblättern.

Den Granatapfel in der Mitte durchschneiden (Vorsicht, der Saft färbt entsetzlich!) und die fleischigen Kerne mit einem Löffelchen herausheben.

Obst und Gemüse auf einer sehr großen, flachen Platte anrichten, mit Granatapfelkernen bestreuen. Aus Walnußöl, Essig, weißem Pfeffer und wenig Salz eine Vinaigrette rühren und über den Salat träufeln, aber nicht vermischen.

Rote Bete Salat

1 kg rote Bete, möglichst klein, mit Blättern daran

1 TL Kümmel

4–6 EL Essig

5 EL Olivenöl

3–4 Schalotten

2–3 Knoblauchzehen

Salz, Pfeffer

1 Bund Petersilie

Die Bete-Knollen gründlich waschen, mit einer Bürste säubern. Im großen Topf in Salzwasser mit Kümmel und 2 EL Essig aufkochen und garen, das dauert je nach Größe mindestens eine halbe Stunde, dann wie beim Kartoffelkochen mit einer Messerspitze prüfen, ob die Knollen innen noch hart sind.

Aus dem Öl und dem restlichen Essig (die Menge richtet sich nach dem Säuregrad) eine Marinade rühren, die fein geschnittenen Schalotten und den Knoblauch (durch eine Presse) dazugeben und mit Salz und Pfeffer würzen. Die gekochten roten Beten

Vorspeisen und Salate

noch heiß pellen, in Scheiben schneiden und zur Marinade geben. Unter Wenden 4 bis 5 Stunden ziehen lassen, je länger, desto besser. Kurz vorm Anrichten reichlich Petersilie hacken und untermischen.

Feldsalat mit Rote Bete und Walnüssen

200 g Rote Bete (frisch)

200 g Feldsalat (Rapunzel)

50 g Walnüsse

5 EL Walnußöl

1 EL Rotweinessig

1 EL Aceto balsamico

Salz, Pfeffer

Rote Bete wie im vorigen Rezept garen (oder gekochte, vakuumverpackte nehmen, aber keine aus Dose oder Glas). Rote Bete in 1 cm große Würfel schneiden. Feldsalat gründlich waschen, verlesen, mit der Salatschleuder trocknen. Nußkerne kleinschneiden. In einer Schüssel die Rote Bete mit Feldsalat und Nüssen mischen, mit einer Vinaigrette aus Öl und Essigen, Salz und Pfeffer anmachen. Ein köstlicher Wintersalat!

Orangen-Avocado-Salat mit Shrimps

6 große Orangen

3 Avocados, reif, aber nicht zu weich

250 g Shrimps (Tiefseegarnelen), geschält

1 Zitrone, 2 TL Senf

1 EL Tomatenketchup

1 TL Worcestersauce

4 EL Pflanzenöl

1 Bund Dill, Salz

Die Orangen mit scharfem Messer bis aufs Fruchtfleisch schälen, so daß die weiße Innenschale entfernt wird. Über einer Schüssel (um den Saft aufzufangen) die Schnitze aus den harten Trennhäuten schneiden (filetieren). Die Avocados halbieren, den Kern entfernen, schälen und die Hälften quer in halbzentimeterdicke Scheiben schneiden. Orangenfilets, Avocadoscheiben und die Shrimps in eine Schüssel schichten. Aus dem aufgefangenen Orangensaft, dem Saft der Zitrone und Senf, Ketchup, Worcestersauce sowie dem Pflanzenöl eine Salatsauce quirlen (am besten mit dem Schneebesen).

Den Dill waschen, trockenschleudern und fein hacken. Zur Salatsauce rühren und mit Salz abschmecken. Die Sauce über die Zutaten verteilen und etwa 1 Stunde durchziehen lassen, dann alles vorsichtig vermischen.

> *Tiefseegarnelen (Shrimps) gibt es fast nur tiefgekühlt. Wenn sie aus kalten Gewässern (Island, Grönland) kommen, sind sie ausgezeichnet. Möglichst ungeschälte kaufen, dann aber knapp die doppelte Menge. Langsam im Kühlschrank auftauen lassen, von der Bauchseite her aus den Schalen lösen, den Rücken längs etwas einschneiden, damit man den dunkleren Darm entfernen kann.*

Vorspeisen und Salate

Salat von Chicorée und Crevetten

4–6 Chicorée, je nach Größe

400 g mittelgroße Crevetten (Riesengarnelen), gekocht oder roh

5 EL Crème fraîche

5 EL Joghurt

3 EL Tomatenketchup

1/2 TL Piment, gemahlen

1 EL Zitronensaft

Zucker, Salz, Pfeffer

Die Chicoréestauden am Wurzelende abschneiden, prüfen, ob der Strunk bitter schmeckt. Wenn ja, mit einem spitzen Messer keilförmig ausschneiden. Die Blätter ablösen, waschen und vorsichtig trockenschleudern.

Wenn die Crevetten roh gekauft wurden (sie sind dann grau): In kochendes Wasser legen, den Topf vom Herd nehmen und höchstens 5 Minuten darin lassen, bis sich die Panzer rot verfärbt haben. Dann herausnehmen, die Panzer auf der Beinseite aufbrechen, das Fleisch ausschälen. Gekochte Crevetten werden nur so ausgelöst. Auf der Rückenseite mit einem Messer etwas einschneiden und mit der Messerspitze den dunkleren Darm entfernen.

Aus Crème fraîche, Joghurt, Ketchup, Piment, Zitronensaft, einer kleinen Prise Zucker, Salz und Pfeffer eine cremige Sauce rühren. Die Chicoréeblätter auf einer flachen Platte auslegen, die Crevetten darauf verteilen und die Sauce darüberlöffeln.

> *Die Sauce kann man auch als Dip mit gekochten Crevetten oder anderen Garnelen als Vor-Vorspeise (Amuse gueule) servieren.*

Artischocken

4 große Artischocken, rund und fest

1 große Zitrone, unbehandelt

250 g Tomaten

3 Schalotten

1–2 Knoblauchzehen

5 EL Crème fraîche

Salz, Pfeffer, Cayennepfeffer

Von den Artischocken den Stiel abbrechen. Mit einer Küchenschere die oberen Drittel der einzelnen Blätter gleichmäßig abschneiden, mit einem scharfen Messer dann die innere Blütenspitze. Auf diesen Anschnitt jeder Artischocke eine dicke Zitronenscheibe binden.

In einem großen Topf reichlich Salzwasser aufkochen und den Rest der Zitrone (1–2 EL Saft für die Sauce auspressen) zugeben. Die Artischocken im sprudelnd kochenden Wasser 25 bis 35 Minuten garen, herausheben und zum Abtropfen mit der Zitronenscheibe nach unten auf einen Teller legen.

Vorspeisen und Salate

Für die Sauce die Tomaten kurz mit kochendem Wasser überbrühen, häuten, halbieren und die Kerne entfernen. Das Fruchtfleisch grob zerschneiden. Die Schalotten pellen und in Stücke schneiden, ebenso die Knoblauchzehen. Alles in einem Mixer pürieren und mit Crème fraîche, dem Zitronensaft, Salz, Pfeffer und etwas Cayennepfeffer abschmecken.

Die Sauce zu den lauwarmen Artischocken servieren. Die einzelnen Blätter werden mit den Händen von der Artischocke abgezogen, in die Sauce getaucht und das fleischige untere Blattende mit den Zähnen »ausgezutzelt«. So arbeitet man sich Blatt für Blatt zum Inneren vor. Sind alle Blätter abgelöst, hat man den Fruchtboden mit dem Heu darauf vor sich. Das Heu muß mit einem Löffel sorgfältig entfernt werden, dann kann man den Artischockenboden mit Sauce genießen.

Zu Artischocken paßt auch gut eine einfache Vinaigrette mit viel Schnittlauch.

Wachteln auf Romanasalat

4 schön fleischige Wachteln

Salz, Pfeffer

2 Köpfe Romana (auch Romain- oder Koch-Salat genannt)

125 g Butter

Walnußöl und Pflanzenöl

Sherryessig

Wachteln eventuell ausnehmen, waschen, mit Küchenkrepp trocknen, durch Brust und Rücken halbieren. Mit Salz und Pfeffer würzen. Den Salat putzen, waschen, trocknen und in 3–4 cm breite Streifen schneiden.

In einer Pfanne die Butter aufschäumen lassen, die Wachteln bei mittlerer Hitze 20 bis 25 Minuten braten, bis sie braun und innen gar sind.

Aus je zur Hälfte Nuß- und Pflanzenöl, Sherryessig, Pfeffer und Salz eine Salatsauce rühren. Die Romanastreifen auf einer Platte anrichten, mit Essig-Öl-Mischung beträufeln. Die Wachteln mit der heißen Butter über den Salat geben, lauwarm servieren.

Vorspeisen und Salate

Welscher Salat

Für 8–10 Personen:

500 g gekochte Möhren (aus Glas oder Dose)

500 g gekochte Linsen (aus der Dose)

250 g eingelegter Sellerie (aus dem Glas)

250 g gekochte Erbsen (aus der Dose)

250 g Gewürzgurken in Dill (aus dem Glas)

200 g Walnußkerne

300 ml Salat-Mayonnaise

1/2 Tasse Dill-Essig (von den Gewürzgurken)

Saft von 1–2 Zitronen

Zucker, Salz, Pfeffer

1 kleine Zwiebel

1 Bund Schnittlauch

1 Bund Petersilie

Das gekochte Gemüse aus Glas oder Dose abtropfen lassen, die Gewürzgurken in kleine Würfel schneiden, die Walnußkerne grob hacken – nicht zu fein, sie müssen noch Biß haben. Diese Zutaten in einer großen Schüssel vermischen.

Aus Mayonnaise, Essig, Zitronensaft, einer guten Prise Zucker, Salz und Pfeffer eine Salatsauce rühren. Die Zwiebel sehr fein hacken (oder reiben) und unter die Sauce rühren.

Die Kräuter waschen, trocknen und kleinschneiden. Die Sauce und die Kräuter unter den Salat heben. Bis zum Servieren möglichst einen halben, besser einen ganzen Tag im Kühlschrank durchziehen lassen. Das Kühlstellen ist dabei ganz wichtig!

Diesen Salat gab es in meiner mährischen Heimat am Heiligen Abend zu gebackenem Karpfen. Der Salat mußte so reichlich sein, daß man »zwischen den Tagen«, wie die Zeit zwischen Weihnachten und Silvester genannt wurde, immer noch davon essen konnte. Und er wurde von Tag zu Tag immer besser!

Nach einem anderen Rezept wurde der welsche Salat aus gekochten weißen Bohnen mit Linsen, gewürfelten Äpfeln, geriebenem Meerrettich, Senf sowie gegartem Gemüse (Sellerie, Kartoffeln, Möhren) zubereitet. Dazu kamen ebenfalls sauer eingelegte Gurken in Würfeln, ausgebratene Speckwürfel und braune Butter. Zuletzt wurden noch Streifen von Salzhering oder Fleischwurst darunter gemischt. Auch dieser gehaltvolle Salat muß lange durchziehen.

> *Der seltsame Name dieses Salates kommt von »welsch«, einem alten deutschen Wort, das »aus dem Welschland stammend« meint – das waren früher die fremden Länder Frankreich, Italien und Spanien.*

Vorspeisen und Salate

Nudelsalat

350 g grüne Bandnudeln

2 EL Olivenöl

1–2 EL Weißweinessig

Salz, Pfeffer

2 gut reife Avocados

1 EL Zitronensaft

4 nestfrische Eier

2 EL Essig

Die Nudeln in reichlich Salzwasser bißfest garen, abgießen und sofort mit Öl, Weißweinessig, Salz und Pfeffer anmachen.

Die Avocados halbieren, den Kern auslösen, das Fruchtfleisch mit einem Kartoffelbohrer ausstechen. Mit Zitronensaft beträufeln und unter die Nudeln mischen, auf Teller verteilen.

In einem Topf Wasser mit 2 EL Essig sieden lassen, die Eier einzeln in Tassen aufschlagen, ins Wasser gleiten lassen und 3 Minuten pochieren, kalt abschrecken, gut abtropfen lassen und auf dem Nudelsalat anrichten.

Kartoffel-Brunnenkresse-Salat

1 kg Kartoffeln, speckig kochende Salatsorte

Salz

1/2 TL Kümmel

2 Bund Brunnenkresse

1 kleine Zwiebel

1/8 l Fleischbrühe, Pfeffer

2 EL Weinessig

6 EL Pflanzenöl

Die Kartoffeln waschen und in Salzwasser mit 1/2 TL Kümmel etwa 30 Minuten garen, dann pellen.

Die Brunnenkresse verlesen und in lauwarmem Wasser gründlich waschen, die harten, gröberen Stiele entfernen. Die Zwiebel pellen und sehr fein hacken. Die Fleischbrühe erhitzen.

In einer Schüssel die Zwiebelwürfel zuerst mit der heißen Fleischbrühe übergießen, mit Salz und Pfeffer abschmecken, dann erst Essig und Pflanzenöl unterrühren. Die Kartoffelscheiben unter diese Marinade heben und mindestens 2 Stunden ziehen lassen, dann durchmischen, nachwürzen und die Brunnenkresse unterheben.

Der Salat paßt hervorragend zu kleinen Fluß-Fischfilets, zum Beispiel Barsch (Egli), Renke, Zander oder Forelle, einfach in schäumender Butter in einer Pfanne gebraten, gepfeffert und gesalzen.

Brunnenkresse mit ihren dicken, rundlichen Blättern ist reich an Vitaminen und schmeckt sehr würzig, nicht zu verwechseln mit der Gartenkresse, die man in kleinen Kartons mit Nährboden kaufen kann. Brunnenkresse immer sehr gut waschen und die gröberen Stengel entfernen. Kapuzinerkresse, oft als Zierpflanze gehalten, schmeckt übrigens auch gut als Salat.

 *Suppen, Eintöpfe und Aufläufe*

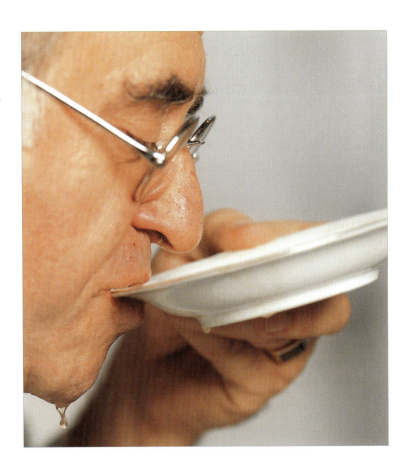

Suppen, Eintöpfe und Aufläufe

Eine gute Suppe wärmt das Herz

Suppen im klassischen Küchensinn sind Vorspeisen. Als solche verwende ich sie ganz selten. Bei festlichen Essen mache ich mir die Arbeit, eine Maronensuppe (im Winter) oder eine kalte Gazpachosuppe (im Sommer) zu machen. Ansonsten betrachte ich die Suppe sozusagen im fließenden Übergang zum Eintopf als Hauptgericht.

Mit einem Salat und vielleicht noch einer anderen Vorspeise vorweg ist Bio's Bohnensuppe oder ein Borschtsch eine ausreichende Mahlzeit. Ich mache so etwas gerne, wenn ich mehr als 12 Personen zum Essen habe, was gottlob sehr selten passiert. Bei den genannten Suppen empfiehlt es sich, sie – wie alle Eintöpfe – schon einen Tag vorher zu machen. Sie schmecken durchgezogen noch besser. An die Rindssuppe, wie sie meine Mutter machte, habe ich besondere Erinnerungen. Meine Eltern lebten in der Nähe von Stuttgart, wo ich auch aufgewachsen bin. Ich zog nach Studium und Referendarzeit zuerst nach Mainz, dann nach München und schließlich nach Köln.

Von diesen drei Orten aus besuchte ich meine Eltern beziehungsweise später meine Mutter regelmäßig. Meistens fuhr ich mit dem Auto, und es wurde abends oft spät, bis ich ankam. Egal, wie spät es auch wurde, ich wußte, daß immer eine köstliche Rindssuppe auf mich wartete. Das war Tradition und ich freute mich schon ab Bruchsal oder ab Ulm darauf. Genau das Richtige für einen müden Autofahrer, der so spät nichts Schweres mehr mag. So eine kräftige Rindssuppe, wie meine Mutter sie machte, weckt alle Lebensgeister.

Suppen, Eintöpfe und Aufläufe

Gazpacho

5 große Tomaten, ersatzweise 1–2 Päckchen gehackte Tomaten

2 Zwiebeln

2–3 Knoblauchzehen

1 Salatgurke

1 grüne Parikaschote

1 rote Paprikaschote

3 EL Olivenöl

1 EL Essig

Salz, Pfeffer

2–3 Scheiben Weißbrot

25 g Butter

Für diese kalte Gemüsesuppe aus Spanien die Tomaten brühen und häuten, dann vierteln und den grünen Strunk entfernen. Zwiebeln und die Knoblauchzehen pellen, die Gurke schälen, halbieren und die Kerne mit einem Löffel herauskratzen. Die Paprikaschoten waschen, vierteln und die Kerne sowie die inneren weißen Trennwände entfernen.

Alle Gemüse zusammen mit Öl und Essig im Mixer pürieren, mit Salz und Pfeffer

Suppen, Eintöpfe und Aufläufe

abschmecken und in einer Schüssel im Kühlschrank bis zum Servieren kalt stellen.

Kurz vor dem Auftragen die Weißbrotscheiben in Würfel schneiden und in einer kleinen Pfanne in Butter zu Croutons braten; diese zu der Suppe reichen. Besonders appetitlich sieht es aus, wenn man zur Suppe verschiedene Schälchen mit feinen Würfeln von Gurke, Paprika, Tomaten und Zwiebeln stellt; jeder nimmt davon nach Belieben.

Pilzsuppe

500 g Champignons oder braune Egerlinge

100 g durchwachsener Speck

1 größere Zwiebel

250 g Kartoffeln

1 Bund Petersilie

2 EL Butter

1/2 l Fleischbrühe

1 Becher Sahne

Salz, Pfeffer

etwas getrockneter Thymian

Die Pilze, wenn sie nicht zu verunreinigt sind, möglichst nur trocken putzen (zum Beispiel mit einem Kuchenpinsel) und feinblättrig schneiden. Speck und die Zwiebel in kleine Würfel schneiden, die Petersilie waschen und fein hacken.

Die Kartoffeln schälen und in 1 cm große Würfel schneiden. In einem Topf den Speck etwas auslassen, dann die Zwiebel mit der Butter dazugeben und kurz andünsten. Die Pilze dazurühren und etwa 5 Minuten im Topf dünsten, dann mit der Brühe aufgießen und die Kartoffelwürfel dazugeben, den Deckel auflegen und bei mäßiger Hitze etwa 30 Minuten köcheln lassen, dann die Sahne zugießen und nochmals aufkochen lassen. Mit Salz, Pfeffer und Thymian würzen und mit Petersilie bestreut servieren.

> *Die Suppe kann auch mit dem Mixstab püriert werden, dann wird sie zu einer Cremesuppe.*

Sauerampfer-Süppchen

2–3 Bund Sauerampfer

1 Kartoffel, mehligkochend

3 Gläser Kalbsfond à 400 ml (oder selbstgekochte Bouillon oder eine aus Brühwürfeln zubereitet)

2 EL Pflanzenöl

25 g Butter

1 Becher Crème fraîche

Salz, Pfeffer

Vom Sauerampfer die groben Stiele entfernen, die Blätter gründlich waschen und in etwa 2 cm breite Streifen schneiden. In einem Topf Öl und Butter zusammen erhitzen und die Sauerampferstreifen darin zusammenfallen lassen.

Suppen, Eintöpfe und Aufläufe

Fond (oder Brühe) zugießen. Kartoffeln waschen, schälen und in sehr dünne Scheiben schneiden oder hobeln. Fängt die Suppe an zu kochen, die Kartoffeln zugeben und auf kleiner Stufe ohne Deckel etwa 30 Minuten leise simmern lassen.

Nach der Garzeit die Suppe durch ein Haarsieb (ein sehr feinmaschiges Sieb) streichen oder im Mixer pürieren. Die Crème fraîche einrühren und die Suppe mit Salz und Pfeffer abschmecken. Gleich servieren.

> *Sauerampfer wird heute schon oft auf Märkten angeboten, kann aber auch selbst im Frühjahr auf feuchten Wiesen gesammelt werden. Die Wiese sollte natürlich nicht gedüngt sein und nicht gerade am Rand einer Autostraße liegen.*

Hühnersuppe – etwas asiatisch

Für die Brühe:

1 Suppenhuhn, ca. 1,5 kg

750 g Hühnerklein (Hälse, Flügel, Mägen u.s.w.)

1 Zwiebel, Salz

2 Gewürznelken, 1 Lorbeerblatt

2 Möhren

Hellgrünes von 1 Stange Lauch

Als Einlage:

2–3 Hähnchenbrustfilets

10 g Mu-Err-Pilze

Weißes von 1 Stange Lauch (siehe oben)

125 g Zuckerschoten

125 g Sojabohnensprossen

125 g Champignons oder braune Egerlinge

1 kleine Dose Bambussprossen

1 kleine Dose Wasserkastanien (Water-Chestnuts)

Sojasauce

100 g chinesische Glasnudeln

frisches Koriandergrün oder Petersilie

Huhn und Hühnerklein waschen, vom Huhn den fetten Pürzel abschneiden, wegwerfen. Die Zwiebel schälen und mit Nelken spicken. Mit Lorbeerblatt und Geflügel in einen großen Topf legen. Die Möhren schälen und in grobe Stücke schneiden. Den hellen Teil vom Lauch längs aufschlitzen, gut waschen und in breite Stücke schneiden.

Das Gemüse in den Topf geben und etwa 2 l Wasser aufgießen. Salzen und ohne Deckel langsam aufkochen lassen. Wenn sich der dunkle Schaum an der Oberfläche verfestigt hat, vorsichtig mit einem Schaumlöffel abschöpfen. Etwa 1 1/2 Stunden ohne Deckel ganz leise simmern lassen, vielleicht nochmals Schaum abschöpfen.

Danach die Brühe durch ein Sieb in einen anderen Topf gießen, das ausgekochte Gemüse und nicht verwertbares Hühnerklein wegwerfen. Das Huhn enthäuten, das Fleisch von den Knochen ablösen und kleinschneiden.

Für die Einlage die Hähnchenfilets in Streifen schneiden. Die Mu-Err-Pilze in

Suppen, Eintöpfe und Aufläufe

heißem Wasser einweichen. Das Weiße vom Lauch aufschlitzen, gründlich waschen, in feine Scheiben schneiden. Von den Zuckerschoten die Enden abknipsen. Die Sojasprossen heiß überbrausen, abtropfen lassen. Champignons säubern, Stiel abschneiden, vierteln. Bambussprossen abtropfen lassen und in Scheiben schneiden. Abgetropfte Wasserkastanien vierteln. Die eingeweichten Mu-Err aus der Brühe heben, harten Stielansatz abschneiden, die Pilze in Stücke schneiden. Die durchgesiebte Hühnerbrühe aufkochen, mit Sojasauce kräftig abschmecken. Die Brustfiletstreifen und das Fleisch vom Suppenhuhn zusammen mit den Bambussprossen, Wasserkastanien und Mu-Err etwa 30 Minuten köcheln lassen. Dann die Glasnudeln, Champignons und Sojabohnensprossen zugeben, nach 5 Minuten die Zuckerschoten und Lauchringe. Noch 5 bis 10 Minuten leise sieden lassen.

Nochmals mit Sojasauce pikant abschmecken und mit fein gehacktem Koriandergrün oder Petersilie bestreut servieren.

# Suppen, Eintöpfe und Aufläufe

Kartoffel-Lauch-Suppe

3–4 Stangen Lauch

500 g Kartoffeln

1 1/2 l Hühnerbrühe, selbstgekocht oder Instant

1/10 l Weißwein, trocken

1 Becher Crème fraîche

Salz, weißer Pfeffer, Muskatnuß

1/2 Bund Schnittlauch

Den weißen und hellgrünen Teil von den Lauchstangen halbieren, unter fließendem Wasser gründlich (auch die Innenseiten der Blätter) waschen und in etwa 1 cm breite Streifen schneiden.

Kartoffeln schälen, in Würfel schneiden und zusammen mit dem Lauch in einen Topf geben, die Brühe und den Wein zugießen und ganz weich kochen, das dauert gute 30 Minuten.

Alles durch ein Sieb in einen zweiten Topf passieren, die Rückstände im Sieb gründlich ausdrücken. Unter das Gemüsepüree die Crème fraîche rühren, einmal kurz aufkochen und mit Salz und weißem Pfeffer sowie einem Hauch geriebener Muskatnuß abschmecken.

Schnittlauch waschen, in Röllchen schneiden und auf die Suppe streuen. Gut heiß servieren.

> *Oder: für heiße Sommertage die Suppe ohne Schnittlauch auf Zimmertemperatur abkühlen lassen, dann in den Kühlschrank stellen – am besten sogar über Nacht (ist also gut vorzubereiten). Die kalte Suppe mit feinen Streifen von echtem Räucherlachs bestreut anrichten. Dazu würde gehackter Dill passen.*
>
> *Oder noch feiner: mit Kaviar vom Feinsten bestreuen, aber bloß keinen Kaviarersatz nehmen!*

Maronencremesuppe

Für 8 Personen:

3 Möhren

3 Stangen Staudensellerie mit Blättern

3 Zwiebeln, mittelgroß

2 EL Butter

1 1/2 l Rinds- oder Hühnerbrühe, am besten selbst gekocht

1/4 l Weißwein, natürlich trocken

1 kleine Zwiebel

3 Gewürznelken

750 g geschälte, gekochte Maronen (Eßkastanien) aus Gläsern, Dosen oder aus der Vakuumpackung

Salz, Zucker, Pfeffer

1/4 l Crème fraîche

3–4 EL guter Cognac

Die Möhren schälen und klein würfeln. Staudensellerie waschen, samt Blättern kleinschneiden. Die 3 mittelgroßen Zwiebeln pellen und fein hacken. In einem großen Topf die Butter erhitzen und die Gemüsewürfel bei kräfti-

Suppen, Eintöpfe und Aufläufe

ger Hitze unter Rühren etwa 10 Minuten andünsten. Die Brühe und den Wein angießen. Die kleine Zwiebel schälen und mit den Nelken spicken. Von den Maronen 8 Stück zur Seite legen, die restlichen mit der gespickten Zwiebel in die Brühe geben. 25 Minuten leise köcheln lassen, dann die Zwiebel mit den Nelken herausfischen, wegwerfen.

Die Suppe im Mixer (oder mit dem Stabmixer im Topf) pürieren. Falls sie zu dick ist, mit etwas Brühe oder Weißwein flüssiger machen.

Die zur Seite gelegten Maronen kleinschneiden.

Suppe mit Salz, Zucker und Pfeffer (natürlich frisch aus der Mühle) abschmecken. Kurz vor dem Servieren die Crème fraîche in die heiße Suppe rühren, erst ganz zum Schluß den Cognac, damit sein Aroma nicht verfliegt. Die kleingeschnittenen Maronen auf 8 Suppenteller verteilen und die heiße Suppe darüberschöpfen.

Rindssuppe nach Mama Biolek

700 g mageres Rindfleisch
1 1/2 Würfel klare Rinderbrühe
1 große Zwiebel, Salz
1 Stange Lauch
2 Möhren
1/4 Sellerieknolle
3–4 Eier
weißer Pfeffer
1 Bund Petersilie
1 Bund Schnittlauch

Das Rindfleisch waschen und mit Küchenkrepp trocknen. 2 l Wasser mit Brühwürfeln und geschälter, geviertelter Zwiebel aufkochen. Das Fleisch rundum mit Salz einreiben und im ganzen ins kochende Wasser legen.

Offen aufkochen lassen. Wenn der Schaum an der Oberfläche fest genug ist, mit einem Schaumlöffel abheben. Zugedeckt 1 Stunde ganz leise simmern lassen, die Brühe soll eben »lächeln«, wenn man den Deckel abhebt.

Lauchstange putzen, den oberen Teil aufschlitzen, gründlich waschen, in 2 bis 3 Stücke schneiden. Möhren und Sellerieknolle schälen, waschen, aber nicht zerteilen. Gemüse zum Fleisch geben, 20 Minuten mitgaren. Dann mit einer Messerspitze probieren, ob es gar ist (kann bei den Gemüsesorten zu unterschiedlichen Zeiten der Fall sein), ebenso das Fleisch. Was gegart ist, mit einem Schaumlöffel herausheben und in Stücke schneiden. Die Brühe durch ein Sieb gießen, die ausgekochten Zwiebelviertel fest ausdrücken und wegwerfen. Die Brühe wieder aufkochen.

Die Eier verrühren und an verschiedenen Stellen in die Brühe gießen, es dauert nur kurz, bis die Eierflocken gestockt sind, dabei aufpassen: Sie legen sich gern am Topfboden an, deshalb am Boden gut rühren. Suppe mit Salz und Pfeffer abschmecken, Fleisch- und Gemüsewürfel dazurühren. Mit gewaschener, kleingeschnittener Petersilie und Schnittlauch bestreut auftragen.

Suppen, Eintöpfe und Aufläufe

Pichelsteiner Eintopf

300 g Rindfleisch, z. B. aus der Schulter

300 g Lammfleisch, mager

300 g Schweineschnitzel

4 EL Pflanzenöl

200 g Sellerieknolle

250 g Kartoffeln

250 g Möhren

250 g Weißkohl oder Wirsing

300 g Zwiebeln

250 g Lauch

Salz, Pfeffer

1/2 TL Thymian, oder Majoran

1 l Fleischbrühe

1 Bund Petersilie

Alle Fleischsorten in 2–3 cm große Würfel schneiden und nacheinander in einem Bräter in heißem Öl rundum anbraten, herausnehmen und zur Seite stellen

Die Gemüse putzen, waschen und, soweit nötig, schälen, die Zwiebeln pellen und alles in kleinere Würfel teilen, gut miteinander vermischen. In einen großen Topf (zu dem es einen fest aufliegenden Deckel gibt) Fleisch und Gemüse schichtweise einfüllen, zuerst eine Lage Fleisch, dann eine Lage Gemüsemischung und so weiter, jede Schicht mit Salz, Pfeffer und etwas zerbröseltem Thymian (oder Majoran) würzen, die Fleischbrühe darübergießen und den Deckel auflegen. Bei kleiner Hitze aufkochen und 1 1/2 bis 2 Stunden leise köcheln lassen. Dabei nicht umrühren!

Nach der Garzeit den Eintopf mit fein gehackter Petersilie bestreuen und heiß servieren.

Der Schreibweisen für dieses Gericht gibt es viele, benannt ist der Topf wohl nach dem Büchelberg im Bayrischen Wald und die Stadt Regen feiert seit über hundert Jahren das »Bichelsteiner Fest« zur Kirchweih. Man sagt, Bismarck habe diesen Eintopf 1893 nach langer Krankheit mit großem Appetit gegessen. Daher auch »Bismarck-Ragout« genannt.

> *Ganz herzhaft wird das Pichelsteiner, wenn der Topfboden mit Rindermark-Scheiben ausgelegt wird, ehe Fleisch und Gemüse eingeschichtet werden. Dieser Eintopf läßt sich gut aufwärmen und schmeckt in großen Portionen zubereitet am besten, deshalb sehr praktisch für eine große Runde.*

Suppen, Eintöpfe und Aufläufe

Ochsenschwanz-Suppe

1 1/2 kg Ochsenschwanz, in Stücke zerteilt

3 Zwiebeln

1/2 kleine Sellerieknolle

2–3 Möhren

4 EL Pflanzenöl, Salz, Pfeffer

1 EL Rosenpaprika

2 Lorbeerblätter

1/2 TL Thymian

2 EL Tomatenmark

1/4 l Rotwein

4–6 cl Cognac

Die Ochsenschwanz-Stücke waschen und abtrocknen. Zwiebeln, Sellerie und Möhren schälen und in grobe Würfel schneiden.

In einem großen Topf die Fleischstücke in Öl anbraten, bis sie auf allen Seiten Farbe angenommen haben, dann die Gemüsewürfel dazugeben und weiter unter Rühren

Suppen, Eintöpfe und Aufläufe

anschmoren. Mit Salz, Pfeffer und dem Rosenpaprika würzen, etwa 1 1/2 l Wasser aufgießen. Die Lorbeerblätter, den Thymian und das Tomatenmark zugeben, langsam offen aufkochen und den Schaum abschöpfen. Dann den Deckel auflegen. Bei geringer Hitze 3, besser noch 4 Stunden leise simmern lassen. Die Ochsenschwanzstücke herausnehmen und mit einem spitzen Messer das Fleisch ablösen. Den restlichen Inhalt des Topfes durch ein Sieb passieren, die Rückstände kräftig ausdrücken.

Die Suppe wieder erhitzen und den Wein dazugießen, ohne Deckel etwas einkochen lassen, dann das ausgelöste Fleisch darin erwärmen. Mit Salz, Pfeffer und dem Cognac abschmecken. Dazu serviert man Weißbrot und den Rest des Rotweins.

Bio's Bohnensuppe

200 g geräucherter roher Speck

2 große Zwiebeln

2 EL neutrales Pflanzenöl

2 große Dosen weiße Bohnen mit Suppengemüse

1 kleine Flasche Tomatenketchup

2 Becher saure Sahne

1/2 l Rotwein

1 Bouillon-Würfel

1 Lorbeerblatt

Zucker, Salz, Pfeffer

Paprika edelsüß

Zitronensaft

Thymian, Majoran

Bohnenkraut

4–6 Debreziner Würste

Speck in feine Würfel schneiden, die Zwiebeln schälen und etwas größer würfeln. In einem großen Topf das Öl erhitzen und die Speckwürfel auslassen und anbraten. Die Zwiebelwürfel zugeben und glasig dünsten. Bohnen, Ketchup, saure Sahne, Rotwein, den Bouillon-Würfel und das Lorbeerblatt dazugeben, mit Zucker, Salz, Pfeffer, Paprika, einem Schuß Zitronensaft, Thymian, Majoran und Bohnenkraut abschmecken, der Eintopf soll süß-sauer sein. Aufkochen und dann auf kleinster Stufe zugedeckt ziehen lassen – je länger, desto besser, aber Vorsicht, er setzt gern am Topfboden an, also öfter einmal umrühren.

In den letzten 30 Minuten die Debreziner, in 1 cm dicke Scheiben geschnitten, zugeben und mitköcheln lassen.

> *Meine Bohnensuppe schmeckt am nächsten Tag aufgewärmt am besten.*

Suppen, Eintöpfe und Aufläufe

Irish Stew »my way«

Für 4–6 Personen:

1 kg Lammragout oder Lammschulter ohne Knochen

1 mittelgroßer Weißkohl

750 g Zwiebeln

Salz, Pfeffer

Thymian

1 l Fleischbrühe

Das Lammfleisch in gulaschgroße Stücke schneiden, den Kohlkopf vierteln, den Strunk herausschneiden und den Kohl in 1–2 cm breite Streifen schneiden. Die Zwiebeln pellen und in nicht zu kleine Würfel schneiden. In einen großen Topf zuerst eine Schicht Kohl legen, darauf eine Schicht Zwiebeln und schließlich eine Schicht Lammfleisch.

Mit Salz und Pfeffer würzen, nach Geschmack auch mit Thymian. Dann wieder eine Lage Kohl, Zwiebeln und Fleisch einschichten, wieder würzen. So weiter verfahren, bis alle Zutaten im Topf sind. Die letzte Lage soll aus Kohlstreifen bestehen.

Die Brühe angießen, den Deckel auflegen und den Eintopf bei kleiner Hitze mindestens 2 Stunden leise köcheln lassen, eventuell noch etwas Brühe nachgießen, aber nicht umrühren!

Nach der Garzeit mit einem großen Löffel von oben nach unten Portionen ausheben, in tiefen Tellern servieren. Schmeckt besonders gut nach einem Winterspaziergang!

Borschtsch

Für 6 Personen:

2 Beinscheiben vom Rind

750 g Zwerchrippe oder anderes Suppenfleisch

2–3 Markknochen

1 Bund Suppengemüse

2 große Zwiebeln

2 Gewürznelken

1 Lorbeerblatt

7–8 Kartoffeln, mittelgroß

1 frische rote-Bete-Knolle

1/2 EL Essig

2 Knoblauchzehen

1 EL Butter

1 große Tomate

1 EL Tomatenmark

250 g Sauerkraut

15 Pfefferkörner

1 Becher Crème fraîche

Salz, Pfeffer

Suppen, Eintöpfe und Aufläufe

Das Fleisch und die Markknochen waschen. Das Suppengemüse putzen, eine der Zwiebeln schälen und mit den Nelken spicken. Fleisch, Gemüse und die gespickte Zwiebel mit dem Lorbeerblatt in 2 1/2 l Salzwasser aufsetzen und bei ganz kleiner Stufe sachte 2 Stunden köcheln lassen.

Nach 1 3/4 Stunden die Kartoffeln schälen und in kleine Würfel schneiden. Rote Bete auf einer groben Rohkostreibe raspeln (Vorsicht, färbt ungemein!) und in einem Töpfchen in ganz wenig Wasser mit einem kleinen Schuß Essig weich kochen. Die zweite Zwiebel und die Knoblauchzehen schälen und klein würfeln.

In einer Pfanne in Butter die Zwiebelwürfel anrösten, ein wenig später den Knoblauch dazugeben. Die Tomate überbrühen, häuten und klein würfeln. Zusammen mit dem Tomatenmark unter die Zwiebel-Knoblauchmischung rühren. Kurz dünsten und

Suppen, Eintöpfe und Aufläufe

mit ein wenig von der Fleischbrühe ablöschen. Das gare Suppenfleisch aus dem Topf nehmen und in Würfel schneiden. In der Brühe die vorbereiteten Kartoffelstücke zusammen mit den Pfefferkörnern ca. 10 Minuten kochen, erst dann kommt das Sauerkraut dazu, aber nicht früher, sonst bleiben die Kartoffeln durch die Säure hart! Die Zwiebel-Tomatenmischung und die vorgekochte rote Bete zusammen mit dem Suppenfleisch in die Brühe geben, alles nochmal mit Salz und Pfeffer abschmecken. Heiß servieren, jeden Teller mit einem Klacks Crème fraîche krönen. Dazu gibt's Weißbrot.

Besonders gut schmeckt der Borschtsch, wenn er am Tag vorher zubereitet und dann aufgewärmt wird.

Deftiger Kartoffel-Gratin

Für 4 Esser als Beilage, für 2 als Hauptgericht mit Salat:

1/2 kg Kartoffeln, festkochend (z. B. Sieglinde)

Salz

1/2 TL Kümmel

100 g rohgeräucherter Speck in dünnen Scheiben

2–3 Schalotten

ca. 50 g Butter

1 Becher Sahne

Pfeffer, Muskatnuß

Die gut gewaschenen, ungeschälten Kartoffeln in gesalzenem Wasser mit etwa 1/2 TL Kümmel fast gar kochen, das dauert je nach Größe 15 bis 20 Minuten, mit einer Messerspitze prüfen, ob sie noch einen leichten Widerstand bieten.

Dann die Kartoffeln abgießen, etwas abkühlen lassen, pellen und in dünne Scheiben schneiden. Den Speck fein würfeln, ebenso die geschälten Schalotten.

Die Speckwürfel in einer kleinen Pfanne bei mäßiger Hitze auslassen, etwas von der Butter zugeben und die Schalottenwürfel darin glasig dünsten. Nun den Backofen auf 200 °C anheizen.

Eine feuerfeste Glas- oder Auflaufform leicht mit etwas Butter ausstreichen und die Hälfte der Kartoffelscheiben ringförmig von außen nach innen auf dem Boden einschichten. Die Speck-Schalottenmischung darauf verteilen und die restlichen Kartoffelscheiben ebenso gleichmäßig darüber auslegen.

Suppen, Eintöpfe und Aufläufe

Die Sahne mit Salz, Pfeffer und etwas frisch geriebener Muskatnuß würzen und über die Kartoffeln gießen. Die Form auf mittlerer Schiene in den heißen Ofen schieben und etwa 1/2 Stunde überbacken, bis die Spitzen schön gebräunt sind.

> *Abwandlung: In der Steinpilz-Saison kann man dünne Scheiben von frischen, trocken geputzten Pilzen (etwa 350 g sollten genügen) dazwischenschichten und den Kartoffelgratin als Hauptgang reichen. Dazu gibt es einen grünen oder bunt gemischten Salat, mit vielen frischen Kräutern angemacht.*

Fenchel-Schinken-Nudelauflauf

750 g Fenchelknollen

1 Zitrone

Salz

250 g Bandnudeln

250 g gekochter Schinken, in Scheiben

200 g Gruyère-Käse, gerieben

2 Eier

1 Becher Sahne

weißer Pfeffer

Butter zum Einfetten der Auflaufform

Die Fenchelknollen waschen, die grünen Stiele und den Wurzelansatz abschneiden, die zarten grünen Blättchen zur Seite legen. Die Knollen vom Grün zum Wurzelansatz halbieren und den festen Strunk keilförmig herausschneiden. Knollen in Salzwasser mit einigen Zitronenscheiben 10–15 Minuten zugedeckt garen, sie sollen nur halbgar sein.

Inzwischen die Nudeln in reichlich sprudelnd kochendem Salzwasser »al dente«, also noch mit Biß, kochen.

Schinken in Streifen schneiden, den Backofen auf 180 °C anheizen. Eine Auflaufform mit Butter ausstreichen und abgetropfte Nudeln, in Scheiben geschnittenen Fenchel, Schinkenstreifen und geriebenen Käse schichtweise einfüllen, die letzte Schicht soll Käse sein.

Die Eier mit der Sahne verquirlen und mit Salz und Pfeffer würzen. Das Fenchelgrün fein hacken, untermischen und die Eiersahne über den Auflauf gießen. Im heißen Ofen auf der mittleren Schiene etwa 30 Minuten überbacken. Dazu schmeckt ein herzhaft angemachter grüner Salat.

Suppen, Eintöpfe und Aufläufe

Variante:

Eine leckere Abwandlung ist Fenchel mit Mornaysauce überbacken: 4 große Fenchelknollen (etwa 1 kg) durch den Strunk vierteln, den harten Strunk ausschneiden. In wenig Salzwasser mit etwas Zitronensaft 10 Minuten dünsten. Für die Sauce 2 EL Mehl in 2 EL Butter aufschäumen lassen, 1/2 l Milch angießen und 5 Minuten kochen lassen. Den Topf vom Herd nehmen, 150 g geriebenen Gruyerekäse, dann 1 Eigelb untermischen. Mit Salz, Pfeffer, Muskat und dem gehackten Fenchelgrün würzen. Die Fenchelstücke gut abgetropft in eine gebutterte Form legen, 150 g gewürfelten gekochten Schinken dazwischenstreuen, mit der Sauce übergießen. Mit Semmelbröseln bestreuen und mit Butterflöckchen belegen. Im heißen Ofen bei 220 °C etwa 25 Minuten backen, bis die Brösel gut gebräunt sind. Dazu reicht man Petersilienkartoffeln.

Wirsing-Auflauf

1 Wirsingkohlkopf

2–3 Schalotten mittlerer Größe

25 g Butter

1 Glas Weißwein

200 g Frühstücksspeck in Scheiben (Bacon)

2 Eier

Salz, Pfeffer

etwas frischer oder getrockneter Thymian

500 g Rinderhackfleisch

1 1/2 Becher Sahne

Muskatnuß

Vom Wirsing den Strunk keilförmig ausschneiden, den Kopf in einzelne Blätter zerlegen, gründlich waschen. In einem großen Topf reichlich Wasser aufkochen, salzen und die Kohlblätter 4 bis 5 Minuten sprudelnd kochen lassen, dann abgießen und abtropfen lassen.

Die Schalotten fein hacken und in einer kleinen Pfanne in Butter andünsten, dann einen Schluck von dem Weißwein dazugießen und köcheln lassen, bis die Flüssigkeit verdampft ist. Vom Herd nehmen.

Den Backofen auf 180 °C vorheizen. Den Boden einer größeren feuerfesten Glas- oder Keramikform mit der Hälfte von den Frühstücksspeckscheiben auslegen, die gut abgetropften Kohlblätter bis zu einem Drittel der Formhöhe einfüllen.

Die gedünsteten Schalotten zusammen mit den Eiern, Salz, Pfeffer und Thymian unters Hackfleisch kneten, daraus einen flachen Fladen formen und in die Form auf den Kohl legen. Darüber die restlichen Wirsingblätter verteilen. Die Sahne mit etwas Salz, Pfeffer und frisch geriebener Muskatnuß würzen, gut verrühren und über den Auflauf gießen. Großzügig mit den restlichen Baconscheiben belegen und auf der mittleren Schiene in den heißen Ofen schieben. Backzeit: etwa 45 Minuten. Mit einem Messer in Stücke (wie eine Torte) aufschneiden.

 *Pasta und Risotto*

Pasta und Risotto

Mein liebstes: Pasta und Risotto

Dies ist mein liebstes Kapitel. Ich esse nichts so oft wie Pasta und nichts so gern wie einen Risotto. Und nun habe ich auch noch den wahren Gnocchi-Genuß kennengelernt.

Pasta jeder Art kaufe ich fertig, aber nur gute, italienische Produkte. Ich habe auch schon selbstgemachte, frische Pasta gegessen, aber davon war ich nicht sehr begeistert: Es fehlte der Biß, den die Spaghetti aus der Schachtel haben.

Ganz wichtig beim Kochen der Spaghetti, Tagliatelle oder anderer Teigwaren ist, daß sie in sehr viel Wasser schwimmen müssen. Ich habe viele Jahre zu kleine Töpfe verwendet, bis ich herausfand, daß dies der Grund fürs Zusammenkleben der Spaghetti war. Kurz vor Ende der auf der Packung angegebenen Garzeit fange ich an, die Spaghetti jede halbe Minute zu probieren, um sie genau dann herauszunehmen, wenn sie nicht mehr nach Mehl schmecken, aber noch Biß haben. Ob man sie dann abschrecken soll, ob dies heiß oder kalt geschehen soll, ob man dem Kochwasser Öl zugeben soll – das sind alles Theorien, denen man folgen kann oder nicht. Ich tue nichts davon. Allerdings sorge ich dafür, daß die Sauce fertig ist und die Teller bereit stehen, wenn die Spaghetti aus dem Wasser kommen, denn dann müssen sie sofort serviert werden, wenn man sie nicht klebrig haben will.

Bei den Saucen schätze ich immer mehr solche mit Tomaten als Basis und koche immer weniger Sahnesaucen. Die beiden Tomaten-Grundsaucen – die kurz und die lang gekochte – wandle ich auf vielfältige Weise ab. Es gibt so viele Kräuter und Gewürze, mit denen man dabei spielen kann. Auch wenn ich nicht zum Einkaufen gekommen bin und fast nichts Eßbares im Haus habe, muß ich trotzdem nicht Hunger leiden: Spaghetti, Zwiebeln, Olivenöl, Tomaten in Dosen oder in der Packung, Tomatenmark und ein Stück Parmesan sind immer da. Vielleicht habe ich auch Butter und getrockneten Salbei. Wie die Rezepte zeigen, genügt selbst das für ein leckeres Pasta-Gericht.

Parmesan spielt dabei eine entscheidende Rolle. Ich bin fast süchtig nach Parmesan. Aber mir wird schlecht, wenn ich den fertig geriebenen Käse aus der Tüte essen soll. Vielleicht weil ich einmal gelesen habe, ein italienischer Hersteller von

Pasta und Risotto

Tüten-Parmesan sei zu einer hohen Strafe verurteilt worden, weil er pulverisierte Regenschirmgriffe als Parmesan verkauft habe. So schmeckt der Tütenkäse meistens auch.

Parmesan muß man am Stück kaufen. Ich hebe ihn in einer dichtschließenden Kunststoffdose im Kühlschrank auf. Unmittelbar vor dem Essen (nicht früher als eine Stunde vorher) reibe ich ihn. Für meinen gewaltigen Parmesanverbrauch lohnt sich eine elektrische Reibe. Das muß aber nicht sein, ein einfaches Reibeisen tut es auch.

Das richtige Risottokochen ist eine wahre Kunst

Noch wichtiger ist der frisch geriebene, gute (und leider auch sehr teure) Parmesan für einen Risotto. Ich hatte lange Zeit

Pasta und Risotto

einen Horror vor der Reispampe, als die ich mir ein Risotto vorstellte. Bis ich zum ersten Mal einen richtigen, hausgemachten Risotto Milanese aß.

Italienische Freunde brachten mir das Risotto-Kochen bei, aber wie dilettantisch ich das letztendlich nachvollzog, merkte ich erst, als ich vor einigen Jahren das Kochbuch von Harry's Bar in Venedig geschenkt bekam.

Dort las ich zum Beispiel: »Nichts, aber auch gar nichts soll vor dem ersten Bissen eines guten Risotto gereicht werden … vielleicht etwas Brot mit Butter oder ein Salat, aber sonst nichts. Denn ein guter Risotto ist ein Ereignis, und darauf zu warten erhöht nur den Genuß.« Oder: »In der Schlußphase entscheidet sich, ob nur irgend ein Risotto dabei herauskommt oder aber, ob es ein großartiger, ja unvergleichlicher Risotto wird.« Inzwischen ist mir immer wieder einmal ein Risotto gelungen, das ich großartig oder sogar unvergleichlich nennen konnte. Aber das bedeutet: Üben, üben üben …, die Geduld dabei nicht verlieren und auch in Kauf zu nehmen, daß man etwa 30 Minuten ohne Unterbrechung »rührend« am Herd stehen muß, und das unmittelbar vor dem Servieren des Gerichts. Das geht eigentlich nur in einer Küche wie der meinen, in der die Gäste gegenüber vom Herd sitzen.

Gnocchi muß man selbst machen

Im Gegensatz zu Pasta kommen fertig gekaufte Gnocchi für mich nicht infrage. Erst als Franca Magnani mir zeigte, wie man Gnocchi selbst machen kann und wie einfach das ist, weiß ich, was wahrer Gnocchigenuß bedeutet. Jetzt überrasche ich gern meine Gäste damit und freue mich, daß ich endlich die drei großen italienischen Vorspeisen – Pasta, Risotto und Gnocchi – komplett im Programm habe.

Pasta und Risotto

Grundrezept: Pasta kochen

350 g Pasta (Spaghetti, Maccheroni, Penne, Tagliatelle etc.)
Salz

Ehe Sie die Nudeln kochen, sollte die Sauce (von einer ganz schnellen einmal abgesehen) schon fertig sein, denn Pasta muß »aus dem Topf heraus« serviert werden.

Damit Nudeln nicht zusammenkleben, ist es wichtig, einen großen Topf zu nehmen. Darin mindestens 3, besser 5 l Wasser aufkochen.

Erst wenn es kocht, 2–3 EL Salz zugeben und die Nudeln locker einstreuen. Spaghetti werden nicht kleiner gebrochen, sondern ins kochende Wasser gehalten und mit ihnen umgerührt, bis die eingetauchten Enden so weich geworden sind, daß auch der Rest ganz im Topf Platz hat. Das Wasser muß nun wieder aufkochen, dabei rühren, sonst setzen sich die Nudeln am Boden an.

Nun ohne Deckel unter gelegentlichem Rühren gar, aber nicht weich kochen, das Wasser soll immer leise sprudeln. Kurz vor Ende der auf der Packung angegebenen Garzeit eine Nudel probieren – schmeckt sie noch nach Mehl, weiterkochen und jede halbe Minute erneut probieren. Haben sie genau den richtigen Biß (sind also »al dente«), in ein Nudelsieb abgießen, kurz abtropfen lassen und sofort auf vorgewärmte Teller verteilen. Mit der Sauce übergießen und servieren.

Schnelle Saucen zu Spaghetti

Olivensauce: sehr frisch und leicht. Dazu einfach schwarze und grüne Oliven (Mengenverhältnis 2:1, zum Beispiel 100 g schwarze und 50 g grüne) mit einem spitzen Messer sehr klein vom Kern schneiden, vermischen und mit einer guten Prise gemischter italienischer Kräuter (gibt es als fertige Mischung im Glas) in ein Schraubglas füllen, mit gutem Olivenöl bis zur Oberkante auffüllen. Das hält im Kühlschrank wochenlang. Die Olivenstreifen mit dem würzigen Öl werden kalt über »al dente« gekochte Spaghetti gegeben, dazu kommt noch ein kleines Stück Butter und frisch gehackte Petersilie.

Rucolasauce: Einige Bund Rucola (Rauke) waschen und trockenschleudern, dann grob hacken. 2 Zehen Knoblauch fein hacken und in einer Pfanne mit reichlich gutem Olivenöl ganz kurz

Pasta und Risotto

glasig dünsten, dann die Rucolastreifen 4–5 Minuten darin dünsten. Nur sparsam mit Salz abschmecken, Rucola würzt schon genug.

Schnelle Tomaten-Sauce: Etwa 750 g sonnengereifte Tomaten mit kochendem Wasser überbrühen, häuten und halbieren, die Hälften fest ausdrücken (so werden die Kerne entfernt) und das Fruchtfleisch fein würfeln, in einem Topf mit 2–3 EL Olivenöl nur gerade 5 Minuten dünsten, mit Salz und Pfeffer abschmecken und ganz zum Schluß mit fein geschnittenen Basilikumblättern oder frischem Liebstöckel garnieren. Dazu natürlich Parmesan.

A la keka: Tomaten wie für die schnelle Tomatensauce brühen, abziehen, klein würfeln. In einer Schüssel mit Olivenöl vermischen, eine Knoblauchzehe dazupressen und mit gehacktem Peperoncino, Pfeffer und Salz würzen. Schon fertig! Kalt über heiße Spaghetti gießen.

Pasta und Risotto

Tomatensauce – klassisch

750 g geschälte Tomaten, frisch oder aus der Dose

1 kleine Möhre

1 kleine Zwiebel

1 Stange Staudensellerie

50 ml Olivenöl

1/2–1 Zehe Knoblauch

5 Basilikumblätter

Salz, Pfeffer, eventuell Zucker

Tomaten zum Abtropfen auf ein Sieb geben. Das Gemüse waschen, schälen und so weiter, in sehr kleine Würfel schneiden. Die Gemüsewürfel im Öl anschmoren. Tomaten dazugeben, ebenso den geschälten und durch die Presse gedrückten Knoblauch. Zuletzt die kleingezupften Basilikumblätter.

Die Sauce bei kleiner Hitze einkochen, bis die Gemüse gar sind und der Tomatensaft eingekocht ist. Durch ein Haarsieb streichen und nochmals bei geringer Hitze leise köchelnd eindicken lassen. Salzen, pfeffern und, falls die Sauce zu säuerlich schmeckt, mit einer guten Prise Zucker abrunden.

Serviert man auf bißfest gekochten Spaghetti, Maccheroni oder Penne (siehe Grundrezept) mit frisch geriebenem Parmesan.

Meine Tomatensauce

1 mittelgroße Zwiebel oder 2 Schalotten

7 EL Olivenöl

750 g geschälte Tomaten – frisch, aus der Dose oder gewürfelt aus der Packung

2 EL Tomatenmark

Basilikum oder Oregano

Salz, Pfeffer, eventuell Zucker

Parmesan, frisch gerieben

Die Zwiebel oder die Schalotten pellen, fein würfeln und in 5 EL Olivenöl andünsten. Die Tomaten mit Flüssigkeit und das Tomatenmark dazugeben. Nach Geschmack mit Basilikum oder Oregano würzen, sehr sparsam salzen und pfeffern.

Etwa 1 Stunde bei ganz kleiner Hitze milde köcheln lassen. Gelegentlich umrühren. Die Sauce muß eindicken, aber flüssig bleiben.

Pasta und Risotto

Dann vom Herd nehmen und die restlichen 2 EL Olivenöl untermischen. Mit Salz und Pfeffer abschmecken, sollte die Sauce zu säuerlich schmecken, eine Prise Zucker zugeben.

Paßt am besten zu Spaghetti und muß auf jeden Fall mit frisch geriebenem Parmesan serviert werden.

> *Frische Tomaten sollen sehr gut reif sein, sonst schmeckt die Sauce wässrig. Am besten sind sonnengereifte Flaschentomaten mit dunkelrotem Fruchtfleisch. Wenn ich die bekomme, bereite ich gleich die doppelte Saucenmenge zu. Sie hält sich, gut zugedeckt, zwei Tage im Kühlschrank. Dann aber das frische Olivenöl erst beim Aufwärmen zugeben, das verfeinert den Geschmack.*
> *Für alle Tomatensaucen gilt: statt frischer Tomaten kann man genauso gut geschälte Tomaten oder Tomaten in Stücken aus Dose oder Packung nehmen.*

Piemonteser Tomatensauce

1 kg sonnengereifte Tomaten, möglichst Flaschentomaten

1 Zwiebel

1 Bund glatte Petersilie

1 getrocknete Chilischote (Peperoncino)

1 Lorbeerblatt

1 EL Senfkörner

2 EL Zucker

Salz

1–2 EL Weinessig

Die Tomaten kleinschneiden (sie müssen nicht gehäutet werden, weil die Sauce nachher durch ein Sieb gestrichen wird). Die Zwiebel pellen und würfeln. Petersilie waschen und fein hacken.

Alles mit feingeschnittener Chilischote, Lorbeerblatt, Senfkörnern, Zucker und Salz im Topf kurz aufkochen, dann bei kleiner Hitze eindicken lassen (ohne Deckel natürlich).

Wenn die Sauce dick, aber noch flüssig ist, durch ein Haarsieb streichen. Mit dem Essig würzen, sie soll deutlich süß-sauer schmecken.

Zu Spaghetti, schmalen oder breiteren Bandnudeln oder (fertig gekauften) Tortellini.

> *Vorsicht beim Zerschneiden der Chilischote. Sofort danach die Hände gründlich waschen, sonst brennt es höllisch, wenn man an die Augen kommt.*

Pasta und Risotto

Spaghetti alla puttanesca

100 g schwarze Oliven

100 g Sardellenfilets (Anchovis)

50 g Kapern

3–5 Knoblauchzehen

1 kleiner Peperoncino (getrocknete Chilischote)

3 EL Olivenöl

750 g geschälte Tomaten, nicht ausgedrückt (wenn aus Dose oder Packung: mit dem Tomatensaft)

2 EL Tomatenmark

Salz

Die Oliven entkernen und fein hacken. Sardellenfilets probieren: wenn sie sehr salzig sind, unter fließendem Wasser abspülen. In Streifchen schneiden.

Die Kapern zerdrücken oder fein hacken. Knoblauchzehen (Menge nach Belieben) schälen und fein hacken, zusammen mit dem Peperoncino im heißen Olivenöl leicht anrösten. Oliven und Sardellen einrühren und kurz andünsten.

Dann die Tomaten und das Tomatenmark zugeben, unter Rühren bei mittlerer Hitze ohne Deckel schmoren, bis die Sauce dunkel geworden ist. Vorsichtig mit Salz abschmecken.

Auf nach dem Grundrezept bißfest gekochten Spaghetti servieren. Esse ich auf jeden Fall ohne Parmesan.

Pesto Genovese

1-2 Bund Basilikum mit schönen großen Blättern

200 g Pecorino-Käse, am Stück

50 g Parmesan-Käse, am Stück

100 g Pinienkerne

2–3 Knoblauchzehen

1/4 l Olivenöl

Die Blätter von den Basilikumstielen zupfen, waschen und trockentupfen. Die beiden Käsesorten zerkleinern, die Knoblauchzehen pellen. Alle Zutaten außer dem Öl in einem Mixer oder mit dem Pürierstab zu einem Mus zerkleinern, dabei langsam das Öl zugießen, bis die Masse eine pastenähnliche Konsistenz hat.

Eventuell mit etwas Salz abschmecken, aber Vorsicht: die Käsesorten können unterschiedlich salzig sein.

> *Franca sagt, man soll die Basilikumblätter nur mit einem Küchentuch abwischen, nicht waschen.*

Pasta und Risotto

Pesto wird klassisch im Mörser bereitet, das macht allerdings sehr viel mehr Arbeit und nur die wenigsten Haushalte werden einen genügend großen Mörser haben.

Unter nach Grundrezept gegarte Spaghetti mischen oder auf Gnocchi (Seite 61) servieren.

Pfifferlingsauce

350 g Pfifferlinge

1–2 Schalotten

100 g geräucherter roher Speck

50 g Butter

1 Becher Sahne, etwa 200 g

Salz, Pfeffer

1 TL getrockneter oder 2–4 Stengel frischer Estragon

1 Bund Petersilie

Die Pfifferlinge putzen und möglichst nicht waschen, sondern trocken mit einer kleinen Bürste oder einem Kuchenpinsel reinigen.

Die Schalotten schälen, in feine Würfel schneiden, ebenso den Speck würfeln. In einer Pfanne bei mäßiger Hitze den Speck auslassen, die Butter dazugeben und die Schalottenwürfel unter Rühren glasig dünsten. Die Pilze zugeben und unter ständigem Rühren bei mittlerer Hitze etwa 10 Minuten dünsten. Die Sahne unterrühren und etwas einkochen lassen. Die Petersilie waschen, trockenschleudern und hacken. Die Sauce mit Salz, Pfeffer und Estragon würzen und mit Petersilie bestreuen.

Auf nach Grundrezept gekochten Tagliatelle (Bandnudeln) servieren.

Die Pfifferlingsauce paßt auch gut zu Semmelknödeln (dann sollte man die doppelte Menge zubereiten) oder zu Wildsteaks, wenn beim Braten keine eigene Sauce entsteht.

Tagliatelle al gorgonzola

350 g Tagliatelle (Bandnudeln)

200 g Gorgonzola

1/2 Becher Sahne

Salz, Pfeffer, Muskatnuß

75 g Butter

2 EL gehacktes Basilikum

Tagliatelle nach Grundrezept kochen. Käse zerdrücken und mit Sahne verrühren, mit Salz, Pfeffer, geriebener Muskatnuß würzen. Nudeln abgießen und sofort mit der Butter vermischen. Wenn sie zerlaufen ist, die Gorgonzola-Sahne und gehacktes Basilikum unterrühren.

Pasta und Risotto

Fettuccine all'Alfredo

350 g Fettuccine (Bandnudeln)

100 g frisch geriebener Parmesan (oder mehr)

120 g Butter, Salz, Pfeffer

Fettuccine nach Grundrezept kochen, das Wasser bis auf einen kleinen Rest abgießen, damit sie nicht zusammenkleben. In eine vorgewärmte Schüssel füllen, Parmesan unterrühren, dann die Butter in Flöckchen. Salzen und auf vorgewärmten Tellern mit frisch und recht grob gemahlenem Pfeffer servieren.

Hier kommen alle Zutaten pur zur Geltung, deshalb beste Butter, frisch geriebenen Parmesan und Pfeffer nehmen (Schraube an der Mühle etwas aufdrehen, dann mahlt sie gröber, der Pfeffer duftet stärker). Übrigens: Dieses Rezept ist weder nach mir benannt noch von mir erfunden. Aber es schmeckt mir!

Curry-Shrimps-Sahne

250 g Shrimps (Garnelen), eventuell tiefgekühlt, geschält

1 kleine Schalotte

25 g Butter

1–2 TL Currypulver

1 Becher Sahne (200 g)

Salz

einige Blättchen Koriandergrün (Cilantro) oder Petersilie

Die Shrimps kurz in einem Sieb überbrausen, dann gut abtropfen lassen. Die Schalotte fein hacken. In einem Topf bei ganz kleiner Hitze die Butter schmelzen lassen und die Schalottenwürfel glasig dünsten. Das Currypulver darüberstäuben und unterrühren, sofort die Sahne aufgießen, sonst wird der Curry bitter. Nun bei mittlerer Hitze auf etwa 2/3 der Menge einkochen lassen.

Die Shrimps dazugeben und nur ganz kurz unter Rühren garen, sonst laugen sie aus und werden hart. Mit Salz abschmecken.

Mit Koriandergrün (gewaschen und gezupft) garnieren. Der zarte Geschmack dieses auch »asiatische Petersilie« genannten Kräutleins paßt noch besser dazu als Petersilie.

Auf nach Grundrezept »al dente« gekochten Bandnudeln servieren.

Currypulver gibt es von den verschiedensten Herstellern in Gläsern. Viele dieser Mischungen sind nur gelb (von Kurkuma) und haben nichts gemein mit der exotischen Aromenvielfalt der original indischen Zusammenstellungen, die für jedes Gericht extra kombiniert werden.
Mein Lieblingscurry wird in England hergestellt, ist aber auch bei uns in kleinen Döschen erhältlich, sowohl mild als auch scharf – für dieses Rezept bevorzuge ich die milde Richtung.

Pasta und Risotto

Steinpilze in Sahne

350 g frische Steinpilze, möglichst kleine (es dürfen auch mehr sein)

2 EL Pflanzenöl

50 g Butter

1 Knoblauchzehe

1 Msp gemahlener Kümmel

1 Becher Sahne (200 g)

ein Schuß Weißwein

Salz, Pfeffer

1 Bund Petersilie

Die Steinpilze säubern, am besten mit einer kleinen weichen Bürste (Kuchenpinsel), unansehnliche Stellen herausschneiden und nur, wenn unbedingt erforderlich, noch waschen. Die Pilze der Länge nach in etwa 5 mm dicke Scheiben schneiden.

In einer großen Pfanne zuerst das Pflanzenöl erhitzen, dann die Butter darin schmelzen lassen, die Pilzscheiben und die geschälte (aber nicht zerteilte) Knoblauchzehe bei mittlerer Hitze unter Rühren anbraten, bis die Pilzscheiben fast gar sind. Eine Prise gemahlener (oder noch besser: im Mörser frisch zerkleinerter) Kümmel unterstreicht fein das Pilzaroma.

Die Knoblauchzehe herausnehmen, die Sahne und einen Schuß Weißwein dazugießen, alles etwas einkochen lassen und erst jetzt mit Salz und Pfeffer abschmecken.

Auch ein wenig Trüffel-Öl (3 bis 4 Tropfen), das allerdings nicht billig ist, unterstreicht den herrlichen Steinpilzgeschmack dieser Sauce.

Mit gewaschener und fein gehackter Petersilie bestreuen und zu nach Grundrezept gekochten Fettuccine (Bandnudeln) anrichten.

Spaghetti al burro con salvia

100 g Butter (oder mehr)

1 Zweig frischer Salbei (oder 1 TL getrockneter)

frisch geriebener Parmesan

Salz, Pfeffer

Sie können gleich die Spaghetti nach Grundrezept aufsetzen. Die Butter in einem Pfännchen sachte erhitzen und die Salbeiblätter kurz aufbrutzeln lassen. Die »al dente« gekochten und abgegossenen Spaghetti zurück in den Topf geben, mit Salbeibutter übergießen und gut umrühren. Mit reichlich geriebenem Parmesan, Salz und Pfeffer – natürlich aus der Mühle – servieren.

> *Das ist mein Lieblingsrezept für schnelle Spaghetti. Es schmeckt auch ohne Salbei, dann heißt das »Spaghetti al burro«.*

Pasta und Risotto

Pasta à la Scott

2–3 Frühlingszwiebeln

150 g Champignons

3 EL Olivenöl

1 Knoblauchzehe

1–2 EL Pesto Genovese, selbstgemacht wie auf Seite 56 beschrieben oder aus dem Glas

200 g Tomatenwürfel (fertig aus der Packung)

50 g passiertes Tomatenpüree (gibt's ebenso aus der Packung)

50 g Pinienkerne

1/2 Becher Crème fraîche

Salz, Pfeffer, eventuell Zucker

Frühlingszwiebeln waschen, putzen und kleinschneiden. Die Champignons putzen, säubern und blättrig schnippeln. Die Frühlingszwiebeln im Öl andünsten, dann die Pilze mitbraten. Geschälten, durch die Presse gedrückten Knoblauch, Pesto, Tomatenwürfel und -Püree zugeben. Pinienkerne in einer Pfanne ohne Öl hellbraun anrösten und unterrühren. Auf kleiner Stufe köcheln lassen, bis die Champignons gar sind (das kann sehr kurz sein, man ißt Champignons ja auch roh), die Crème fraîche unterrühren und mit Salz, Pfeffer und eventuell einer Prise Zucker abschmecken.

Paßt besonders zu Fettuccini (Bandnudeln), geht aber auch zu anderen Pastasorten.

Penne all'arrabiata

100 g durchwachsener Speck

1 Zwiebel, 1 EL Olivenöl

2 Knoblauchzehen

2 Chili (Peperoncini)

500 g geschälte Tomaten (frisch oder aus der Dose)

1/2 Bund Basilikum

geriebener Pecorino-Käse

350 g Penne, nach Grundrezept zubereiten

Den Speck und die geschälte Zwiebel fein würfeln. Die Speckwürfel im Olivenöl bei mäßiger Hitze auslassen, die Zwiebelwürfel, geschälte, durch die Presse gedrückte Knoblauchzehen und die Chilischoten (nicht zerbröselt, aber ohne die extrem scharfen Kerne) andünsten.

Die Tomaten (mit ihrem Saft) zugeben und bei mittlerer Hitze etwa 10 Minuten ohne Deckel einkochen lassen. Die Chilischoten wieder herausfischen. Mag man die Sauce sehr scharf, gibt man gleich nur eine halbe oder ganze Schote feingeschnitten dazu und läßt sie die ganze Zeit mitschmoren.

Das Basilikum waschen, trockenschleudern und die Blättchen abzupfen, fein schneiden und unter die Sauce rühren. Der Pecorino kann entweder zur Hälfte unter die Sauce gemischt und zur Hälfte auf die Nudeln mit Sauce gestreut werden, ich streue aber am liebsten den ganzen Käse zum Schluß über die Penne (wie immer »al dente« nach dem Grundrezept gekocht).

Pasta und Risotto

Gnocchi a la Franca

1 kg mehlig kochende Kartoffeln
1 Ei
1 Msp Backpulver
150–250 g Mehl
Salz

Die Kartoffeln – es muß eine mehligkochende Sorte sein, bei uns leider immer seltener erhältlich – in der Schale garen, pellen und zu einem sehr glatten Brei zerstampfen oder durch die Kartoffelpresse drücken. Der Kartoffelbrei darf keine Klumpen oder sichtbare Kartoffelstückchen mehr enthalten.

Ein großes Brett ganz dick mit Mehl bestreuen, darauf den Kartoffelbrei setzen. Einen Krater in der Mitte eindrücken und das Ei mit dem Backpulver hineingeben. Den Kartoffelteig mit dick gemehlten Händen vorsichtig durchkneten.

Der Trick dabei ist, die Hände und das Brett immer wieder zu mehlen, so daß auf diese Weise zwar Mehl unter den Teig gemischt wird, aber nur so viel, daß er gerade nicht mehr klebt.

Dann zerteilen und zu etwa 2 cm dicken Rollen formen. Die Rollen in kleine, etwa 3 cm lange Stücke schneiden und wieder in Mehl wenden. Je weniger Mehl man insgesamt für den Teig verwendet, desto lockerer und feiner werden nachher die Gnocchi.

Wer will, drückt mit einer Gabel noch ein Muster in die Oberfläche der kissenähnlichen Teigstücke, das macht beim Essen die Gnocchi noch saucenaufnahmewilliger. Italienische Hausfrauen lassen aus dem gleichen Grund die Gnocchi auch leicht über ein Reibeisen rollen. Ich tue all das nie.

In einem großen Topf reichlich Salzwasser aufkochen. Wenn es ganz wild kocht (Franca sagt: »vivace«), dann jeweils nur so viele Gnocchi hineinwerfen, daß das Wasser nicht zu kochen aufhört.

Die Gnocchi sinken zuerst auf den Boden (auch deshalb dürfen nicht zu viele auf einmal in den Topf) und sind fertig, wenn sie nach oben kommen.

Die Gnocchi können – wie Pasta – mit den verschiedensten Saucen gegessen werden. Mir schmecken sie am besten mit Butter und Salbei oder mit der fixen Tomatensauce (unter »Schnelle Saucen zu Spaghetti«). Viele lieben sie auch mit Pesto Genovese (siehe Seite 56).

> *Bei diesem Rezept gibt es keine hundertprozentige Garantie, daß es sicher gelingt. Die benötigte Mehlmenge hängt von der Feuchtigkeit des Teiges und der Kartoffelsorte ab. Es soll keinesfalls zu viel, darf aber auch nicht zu wenig Mehl sein, sonst werden die Gnocchi zu weich.*

Pasta und Risotto

Risotto-Grundrezept

Für 4 Personen als Hauptgericht oder für 6 Personen als Vorspeise:

1 1/2 l Geflügelfond, am besten selbstgekocht, aber es geht auch mit Fertigfond aus dem Glas oder Hühnerbrühe

1 kleine Zwiebel

1 EL Olivenöl

250 g italienischer Rundkorn-Reis (Avorio oder andere), zur Not kann man auch unseren, eigentlich für Milchreis gedachten Rundkornreis nehmen

45 g Butter

reichlich Parmesan (meine Idealmenge sind 80 g), auf jeden Fall frisch gerieben

Salz, Pfeffer

Wie bei allen puren Gerichten, ohne viel Gewürz oder sonstigen Geschmackszutaten, hängt die Qualität dieses Risottos ganz von der Güte der Grundprodukte ab. Dies gilt für den Reis, die Butter und den Parmesan ebenso wie für den Fond. Aber mir schmeckt ein Risotto auch mit einfachen, wenn auch nicht schlechten Zutaten.

Pasta und Risotto

Den Fond (es darf kein konzentrierter sein) erhitzen und am Sieden halten. Die Zwiebel pellen, sehr fein hacken. Das Olivenöl in einem großen Topf (3 Liter) mit schwerem Boden erhitzen und die Zwiebelwürfel darin glasig dünsten. Den trockenen Reis (vorher nicht waschen) einstreuen und mit einem Holzlöffel rühren, bis er glasig aussieht und ganz leicht angeröstet ist. Die Hitze nun etwas höher stellen.

Etwa 125 ml siedendheißen Fond angießen. Unter ständigem Weiterrühren kochen, bis der Reis den Fond ganz aufgesogen hat. Dann wieder 125 ml heißen Fond zugießen und unter geduldigem Rühren kochen, bis wieder alle Flüssigkeit aufgenommen ist. Dies Ritual so lange wiederholen (dauert etwa 30 Minuten), bis der Reis cremig und weich, jedoch nicht zu Mus verkocht ist. Er muß noch körnig sein.

Wichtig ist, daß er ständig »rührend« kocht und sich nicht am Boden ansetzt. Hat der Reis nach 30 Minuten immer noch einen harten Kern, der Fond ist aber aufgebraucht, so kann man stattdessen heißes Wasser (in kleinen Mengen) nehmen, bis der Reis gar ist.

Nun den Topf vom Herd nehmen und die Butter sowie den geriebenen Parmesan unter kräftigem Rühren mit dem Reis vermischen. Dabei muß man, sagt Herr Cipriani aus Venedig, so richtig ins Schwitzen kommen, weil man heftig, ja leidenschaftlich, rühren muß. Der Grund dafür: die Reisstärke ist beim Kochen auf den Topfboden gesunken und soll jetzt durch das Rühren wieder unter alle Reiskörner gemengt werden. Das sollte etwa 2 Minuten dauern. Dabei notfalls noch einige Löffel Fond oder Wasser zugeben, wenn der Risotto noch nicht die gewünschte cremige Konsistenz hat.

Bei Herrn Cipriani heißt das: der Risotto muß »all'onda« sein, das heißt, flüssig wie eine Welle. Das zu erzielen, ohne daß der Reis zu einem Mus verkocht und jedes einzelne Korn, wenn auch weich, so doch noch als Korn spürbar bleibt – das ist die große Kunst des Risotto-Kochens. Nicht das Handtuch werfen, wenn es nicht gleich und immer gelingt, erst Übung macht hier den Meister.

Zuletzt den Risotto noch mit Salz und Pfeffer abschmecken und sofort servieren. Für Parmesan-Süchtige kann noch mehr geriebener Parmesan zum Aufstreuen bei Tisch bereitgehalten werden.

Für Risotto ist der richtige Topf sehr wichtig. In Töpfen aus reinem Edelstahl oder mit dünnem Boden brennt der Reis leicht an. Ideale Töpfe: außen Aluminium oder Kupfer, innen Edelstahl. Wenn Risotto übrigbleibt: mit etwas Fond oder Wasser unter ständigem Rühren – am besten in einer beschichteten Pfanne – heiß werden lassen. Schmeckt mir dann immer noch gut.

Pasta und Risotto

Risotto mit Radicchio

3–4 ganz kleine Köpfe Radicchio

1 Zwiebel

2 EL Olivenöl

1/8 l trockener Weißwein

Salz, Pfeffer

Zutaten für Risotto-Grundrezept

Radicchio waschen und vierteln, den weißen Strunk entfernen, die Viertel grob zerschneiden. Die Zwiebel fein würfeln und in Olivenöl glasig dünsten, den Radicchio zugeben und 4–5 Minuten dünsten, bis er knapp davor ist, weich zu werden. Mit Wein ablöschen, salzen, pfeffern und den Sud bei starker Hitze 2–3 Minuten einkochen, vom Herd nehmen.

Risotto nach dem Grundrezept zubereiten, allerdings den geschmorten Radicchio beim ersten Angießen der Brühe mit unter die Reiskörner mischen.

Variante:

Auf die gleiche Weise kann man Risotto mit frischen oder getrockneten Steinpilzen bereiten. Die Trockenpilze müssen vorher 2 Stunden in lauwarmem Wasser eingeweicht werden, dabei ab und zu rühren, damit der Sand rausgeht. Das Einweichwasser nehme ich – im Gegensatz zu den meisten Rezeptempfehlungen – nicht. Frische Pilze werden geputzt und nur im Notfall gewaschen (sie saugen sonst Wasser auf) und in feine Scheiben geschnitten. Weiter geht es wie beim Radicchio. Eventuell kann man noch eine geschälte, aber nicht zerteilte Knoblauchzehe mitdünsten, dann wieder herausnehmen.

Risotto Milanese

Zutaten des Grundrezepts, aber 125 ml weniger Geflügelfond

1/2 TL Safranfäden (oder 1/8 TL Safranpulver)

125 ml Kalbsfond

evtl. 1 Bund Suppengemüse

Die Safranfäden oder das Pulver im erhitzten Kalbsfond auflösen, Farbe und Aroma entwickeln sich erst in der Hitze.

Wenn man mag, das Suppengemüse waschen, putzen und sehr klein würfeln, mit der fein gehackten Zwiebel andünsten. Weiter wie im Grundrezept, nach 15 Minuten wird der Safran-Kalbsfond angegossen, sonst bleibt die Zubereitung gleich.

> *Nach Originalrezept werden noch 2 EL gewürfeltes Rindermark mit den Zwiebelwürfeln gedünstet – ich mache das nicht, der Unterschied im Geschmack ist minimal.*

Pasta und Risotto

Kräuter-Risotto mit Langustinen

Zutaten des Grundrezepts, aber 50 g Butter statt Öl

400 g rohe, ausgelöste Langustinenschwänze

1/8 l Weißwein

3–4 EL gehackte Kräuter (Petersilie, Kerbel, Estragon, Schnittlauch, Basilikum, Koriander, Liebstöckel – was frisch da ist)

Risotto nach Grundrezept zubereiten – aber Zwiebel nicht in Öl, sondern in 1 EL Butter andünsten, den angebratenen Reis erst mit Weißwein ablöschen, wenn dieser aufgesogen ist, weiter mit Fond aufgießen. Zum Schluß keinen Parmesan, sondern noch gut 1 EL frische Butter einrühren und die gehackten Kräuter untermischen.

Die Langustinenschwänze längs halbieren, den dunkleren Darm auf der Rückenseite entfernen. In einer Pfanne in der restlichen Butter bei guter Hitze auf jeder Seite ganz kurz, etwa 1–2 Minuten, braten. Auf dem fertigen Risotto anrichten.

 Gemüse und Beilagen

Gemüse und Beilagen

Beilagen und Soßenträger, wie ich sie mag

Gemüse – und damit meine ich auch die Kartoffeln – gab es in den ersten Jahren meiner Kochpraxis in meiner Küche so gut wie gar nicht. Zumindest nicht als Beilage. Schon bei dem Gedanken an Karotten, Erbsen und Kartoffeln zog der Mief aller Mensa- und Restaurantessen meiner Studienzeit in mir hoch. Außerdem lernte ich bei den ersten Reisen nach Frankreich und Italien, daß Brot eine wunderbare Beilage sein kann und Kartoffeln, die man schälen und kochen muß, sehr unkompliziert ersetzt. Heute denke ich darüber ganz anders. Auf dem Weg vom ordinären verkochten Karotten-Erbsen-Trauma über die fast rohen Gemüse-Kunstwerke der Nouvelle Cuisine bin ich endlich bei dem Gemüse gelandet, das heute meinen Gaumen ebenso erfreut wie Salat, Fleisch oder Fisch. Es wird niemanden verwundern, daß fast alle meiner Gemüserezepte aus den Ländern stammen, die schon immer mit Feldfrüchten etwas anderes anzufangen wußten, als es in Salzwasser totzukochen.

Was andere Beilagen, wie etwa Knödel, betrifft, waren meine Erinnerungen dank meiner Mutter viel besser. In Böhmen hatte früher (und wahrscheinlich heute noch) jede Hausfrau und Köchin ihre eigenen Rezepte für Knödel. Mein Serviettenknödelrezept stammt noch von meiner Mutter. Es ist sehr pur (zum Beispiel ohne Petersilie, die viele hineintun) und eignet sich hervorragend als neutraler »Saucenträger«, ein Ausdruck, den ich zum erstenmal von meinem Kochfreund Claus Lüttig hörte. Im Gegensatz zum einfachen Semmelknödel, der viel derber ist und daher hüllenlos ins Wasser geworfen wird, ist der Serviettenknödel eine sehr sensible Angelegenheit, die mit einem Tuch, einer Serviette, vorm Auseinanderfallen geschützt werden muß.

Das Geheimnis ist die richtige Beschaffenheit des Teiges: Sie ist in dem Augenblick erreicht, wenn die Masse anfängt, fest zu werden. Sie muß noch weich und zart (nicht flüssig) sein, aber gerade schon schnittfest, dann wurde die rechte Menge an Mehl zugegeben. Das ist – wie auch beim Risotto – die Kunst oder eigentlich die Gnade. Ein Geschenk der Küchengnade, wenn ein Serviettenknödel perfekt gelingt.

Gemüse und Beilagen

Blattspinat

1 kg Blattspinat, am liebsten Wurzelspinat, auch Veroneser genannt

Salz

3–5 EL Olivenöl

Knoblauchzehen nach Geschmack, sehr feingehackt

Pfeffer

In sehr viel Wasser den Spinat mehrmals gründlich waschen, verlesen und beim Veroneser Spinat die Wurzeln mit den dicken Stengeln abschneiden. In einem großen Topf Wasser sprudelnd aufkochen, salzen und den Spinat darin zusammenfallen lassen, einmal aufkochen und abgießen.

Im Sieb gut abtropfen lassen und sehr fest ausdrücken. In einem flachen Topf das Olivenöl erhitzen, den Knoblauch ganz kurz andünsten, die Spinatblätter zugeben und unter Rühren fertig dünsten. Mit Salz und Pfeffer abschmecken.

> *Eine schöne Gemüsebeilage zum Fischragout. Schneller geht es mit tiefgekühltem Blattspinat, den ich noch häufiger nehme als frischen.*

Feines Linsengemüse

400 g kleine Linsen

1 Bund Suppengemüse

1 Bund Frühlingszwiebeln

2 Schalotten

1 EL Zucker

25 g Butter

1–2 EL Essig, möglichst Himbeeressig

Die Linsen waschen und über Nacht in viel Wasser einweichen.

Am nächsten Tag im Einweichwasser gar kochen, aber so, daß sie noch etwas Biß haben. Je nach Größe und Alter der Linsen dauert das 30–45 Minuten.

Abgießen und abtropfen lassen. Das Suppengemüse, die Frühlingszwiebeln und Schalotten putzen und in sehr feine Scheiben beziehungsweise Würfel schneiden.

In einem Topf bei geringer Hitze den Zucker schmelzen, aber nicht braun werden lassen, dann die Butter dazugeben und die Gemüsewürfel unter Rühren darin gar dünsten. Mit dem Essig ablöschen, die Linsen unterheben und kurz durchziehen lassen. Mit Salz und Pfeffer würzen und anrichten.

Eine kleine Portion davon serviere ich gern als Vorspeise, zum Beispiel mit einem Stückchen Süßwasser-Fischfilet, in heißer Butter kurz gebraten, obendrauf.

Gemüse und Beilagen

Geschmorter Friséesalat

Als Beilage für 4 Personen:
1–2 Köpfe Frisée, je nach Größe
1 Bund Frühlingszwiebeln
1 Knoblauchzehe
75 g Butter
Salz, Pfeffer, Muskatnuß

Den Salat verlesen, den Strunk abschneiden, die Blätter etwas kleiner schneiden. Die Frühlingszwiebeln waschen und das Weiße und Hellgrüne in Ringe schneiden. Knoblauch schälen und hacken. In einem großen Topf reichlich Wasser aufkochen, den Frisée 2–3 Minuten überbrühen, dann abgießen, mit kaltem Wasser abschrecken und sorgfältig abtropfen lassen (eventuell in der Salatschleuder trocknen). Im Topf die Butter schmelzen lassen, die Frühlingszwiebeln und den gehackten Knoblauch andünsten, die Frisée-Stücke dazugeben und auf kleiner Stufe zugedeckt etwa 20 Minuten schmoren. Mit Salz, Pfeffer und frisch geriebener Muskatnuß abschmecken.

Möhren mit Kümmel

500 g Möhren (Karotten, gelbe Rüben)
25 g Butter
1 EL Pflanzenöl
1/2 TL Kümmel
Salz, Pfeffer

Die Möhren waschen, mit dem Sparschäler schälen und in dünne Scheiben schneiden. In kochendem Wasser halbgar kochen (das dauert höchstens 5 Minuten), abgießen und abtropfen lassen.

Butter, Pflanzenöl und Kümmel in einem Topf erhitzen, die Möhrenscheiben dazugeben und zugedeckt ohne Flüssigkeit gardünsten. Mit Salz und Pfeffer würzen.

Gemüse und Beilagen

Ratatouille à la Niçoise

500 g Tomaten

500 g Auberginen

200 g Zwiebeln

5 EL Olivenöl

1 Lorbeerblatt

getrockneter Thymian

getrockneter Majoran

Salz, schwarzer Pfeffer

Die Tomaten mit kochendem Wasser überbrühen, Haut abziehen und die grünen Strünke am Stielansatz entfernen, das Fruchtfleisch würfeln. Die Auberginen mit einem scharfen Messer schälen, ebenfalls würfeln.

Die Zwiebeln pellen, sehr fein hacken und in dem Olivenöl goldgelb schmoren. Die Gemüsewürfel, das Lorbeerblatt sowie Thymian und Majoran nach Geschmack zugeben. Mit Salz, schwarzem Pfeffer würzen und alles zugedeckt etwa 1 Stunde auf kleinster Stufe köcheln lassen. Das Gemüse sollte dann recht weich sein.

Ratatouille serviere ich meinen Gästen gerne zu Lammkoteletts.

> *Ratatouille ist für viele der Inbegriff der Provenceküche: Tomaten, Auberginen, Zwiebeln und Knoblauch werden zusammen geschmort. Nach diesem Rezept, das Wolf Uecker von Monsieur Martin, Ex-Küchen-Chef des Hotel Royal in Nizza, erfahren hat, schmeckt es mir am besten.*

Gemüsepfanne mit Pfifferlingen

300 g Pfifferlinge

3–4 Tomaten, am besten Strauch- oder Gärtnertomaten

5 kleine Zwiebeln oder Schalotten

je 1 rote und grüne Paprikaschote

2–3 dicke Gärtnergurken (keine Salatgurken), etwa 1 kg

4–5 EL Olivenöl

etwas gekörnte Brühe

1 Bund Petersilie

Die Pfifferlinge reinigen, am besten nicht waschen. Die Tomaten in kochendem Wasser kurz überbrühen, pellen und in Viertel teilen, dabei die Strünke entfernen. Die Zwiebeln in grobe Stücke schneiden. Paprikaschoten waschen, halbieren und die Kerne und Trennwände entfernen, die Schoten in Streifen schneiden. Die Gurken schälen, an beiden Enden ein kleines Stück abschneiden und prüfen, ob sie bitter sind, wenn nicht: halbieren und

Gemüse und Beilagen

entkernen (das geht mit einem Teelöffel am einfachsten). Die Gurkenhälften in 3 cm breite Streifen schneiden. In einer großen Pfanne (mit passendem Deckel) das Öl erhitzen, zuerst die Zwiebeln und die Paprikastreifen etwa 5 Minuten andünsten.

Die Gurkenstücke zugeben und 6–7 Minuten unter Rühren dünsten lassen, danach die Pilze untermischen. Leicht salzen und pfeffern und, wenn das Gemüse Saft gezogen hat, etwas gekörnte Brühe unterrühren. Die Tomatenstücke dazugeben und den Deckel auflegen.

Weitere 10 Minuten bei kleiner Hitze köcheln lassen. Mit viel gehackter Petersilie bestreut servieren.

Dazu paßt Curry-Reis.

Gemüse und Beilagen

Zucchini mit Tomaten geschmort

750 g Zucchini

500 g Tomaten (auch aus der Dose)

2 Schalotten

1 Bund Dill

3 EL Olivenöl

Salz, Pfeffer

Die Zucchini waschen und abtrocknen, die Stielenden entfernen, die Früchte der Länge nach halbieren, wenn sie größer sind, vierteln. Lange Zucchini auch noch quer halbieren.

Die Tomaten mit kochendem Wasser überbrühen, häuten und vierteln, Tomaten aus der Dose zerdrücken.

Die Schalotten pellen und klein würfeln. Dill waschen, trocknen und fein schneiden.

Das Olivenöl bei mittlerer Hitze in einem breiten Topf erhitzen, die Schalottenwürfel darin glasig dünsten. Tomaten, gehackten Dill, Salz und Pfeffer zugeben und zugedeckt 10 Minuten köcheln lassen. Die Zucchini zugeben und sachte mit einem Holzlöffel umrühren. 20 Minuten bei kleiner Hitze schmoren, bis die Zucchini weich sind und die Sauce dick gekocht ist. Während des Schmorens nicht durchrühren, sondern den Topf nur gelegentlich etwas schütteln. Nach Belieben heiß oder kalt servieren.

Bei diesem Gericht ist es wichtig, daß man am Dill nicht spart. Ein Bund mehr schadet nicht.

Gemüse auf asiatische Art

150 g Möhren

150 g Zucchini

150 g grüne Paprikaschote

100 g Champignons

150 g Zwiebeln

3 EL Sesamöl oder mildes Pflanzenöl zum Braten

Sojasauce

Sesamsamen

Salz, Pfeffer

ein Schuß Reiswein oder Weißwein

nach Geschmack Honig und Zitronensaft

Die Möhren, Zucchini und die Paprikaschote putzen, waschen, Möhren schälen. Die Champignons möglichst nur trocken, zum Beispiel mit einem Kuchenpinsel, säubern. Sind sie sehr sandig, ganz kurz in Wasser schwenken Die Zwiebeln schälen.

Gemüse und Beilagen

Die Möhren und Zucchini in feine Stifte schneiden, die Zwiebeln in dünne Scheiben, die grüne Paprikaschote in schmale Streifen.

Die Champignons feinblättrig aufschneiden. Möglichst in einem Wok, sonst in einer großen, hohen Pfanne das Sesam- oder Pflanzenöl (oder auch ein Gemisch aus beiden) erhitzen und das Gemüse unter ständigem Rühren braten, bis es gar ist, aber noch Biß hat – das dauert nur wenige Minuten.

Mit einem guten Schuß Sojasauce, Sesamsamen, Salz und Pfeffer würzen und mit wenig Reiswein oder etwas mehr Weißwein ablöschen, nach Geschmack mit Honig und Zitronensaft süß-säuerlich abschmecken.

Eine pikante Beilage zu Fisch oder Geflügel.

Gemüse und Beilagen

Ratatouille im Römertopf

Für 4–6 Personen:
250 g durchwachsener Speck
5 mittelgroße Zwiebeln
500 g Zucchini
500 g Salatgurke
500 g Tomaten
500 g Paprikaschoten
500 g Auberginen
etwas Öl
Salz, Pfeffer
2–4 Zehen Knoblauch
Rosenpaprika, gekörnte Brühe
1 TL Zucker

Einen großen Tontopf nach Vorschrift wässern. Den Speck würfeln, die Zwiebeln pellen und grob zerschneiden. Die Zucchini waschen und grob würfeln. Salatgurke waschen, eventuell streifig schälen, grob würfeln.

Gemüse und Beilagen

Die Tomaten mit kochendem Wasser überbrühen, häuten, die grünen Strünke ausschneiden, das Fruchtfleisch fein würfeln. Die Paprikaschoten waschen, halbieren, Stielansätze, Kerne und helle Trennwände entfernen, grob würfeln. Die Auberginen waschen, stachelige Stielansätze entfernen, die Früchte grob würfeln.

Die Speckwürfelchen in einer Pfanne mit etwas Öl unter Rühren anbraten, bis sich das Fett vom fleischigen Teil getrennt hat. Die zerschnittenen Zwiebeln in diesem würzigen Speckfett dünsten, bis sie glasig sind.

Speck-Zwiebeln auf dem Boden des Römertopfs als »Bett« ausbreiten, darauf die verschiedenen Gemüsesorten in einzelnen Lagen schichten. Jede Lage mit Salz und Pfeffer würzen.

Knoblauch schälen, durch eine Presse auf die oberste Schicht drücken, mit Rosenpaprika, gekörnter Brühe und Zucker bestreuen. Den Deckel auflegen.

In den kalten Backofen schieben, auf 200 °C schalten und 40 bis 50 Minuten garen, das Gemüse soll dann noch Biß haben. Vor dem Servieren vorsichtig umrühren.

> *Man kann dieses Ratatouille auch ohne Römertopf bereiten, einfach einen großen Schmortopf (Bräter) nehmen und ihn ebenfalls mit Speck-Zwiebeln auslegen, Gemüse und Gewürze einfüllen und zugedeckt auf kleiner bis mittlerer Stufe schmoren, ab und zu vorsichtig umrühren, vielleicht etwas Wasser angießen und das am Boden anhängende Gemüse lösen.*

Linsen auf indische Art

400 g Linsen (möglichst kleine)

2 Zwiebeln

3–5 cm frische Ingwerwurzel

3 EL Pflanzenöl

1 TL Korianderkörner, gemahlen

1 TL Kümmel, gemahlen

1/2 TL Kardamom, gemahlen

1/2 TL Kurkumapulver

(oder statt der diversen Gewürze ein gutes Currypulver, zum Beispiel Madras-Curry)

Salz

Die Linsen waschen und über Nacht in kaltem Wasser einweichen. Am nächsten Tag die Linsen in ein Sieb gießen und abtropfen lassen. Die Zwiebeln schälen und fein würfeln. Ingwerwurzel schälen und in sehr feine Scheiben schneiden.

Gemüse und Beilagen

In einem Topf das Öl erhitzen, die Zwiebelwürfel glasig dünsten, dann die Ingwerscheibchen dazurühren und mit den Gewürzen (oder der Currymischung) bestreuen. Ganz kurz andünsten, dann die Linsen dazugeben.

Mit frischem Wasser auffüllen und bei kleiner Hitze zugedeckt köcheln lassen, bis die Linsen gar sind, aber noch etwas Biß haben (dauert ab 30 Minuten). Dabei öfter umrühren und eventuell Wasser nachgießen. Zuletzt mit Salz abschmecken.

Sehr gut zu gebratenen Hähnchenschenkeln.

Reform-Kartoffeln

Pro Person:

5 kleine neue Kartoffeln

2–3 EL Olivenöl

1 Knoblauchzehe

Salz, Kümmel

Wenn es im Frühjahr die kleinen, neuen Kartoffeln gibt: Pro Esser 5 Stück davon gut waschen, am besten abbürsten. Den Backofen auf 200 °C vorheizen. Die Kartoffeln halbieren, mit 2–3 EL Olivenöl und einer geschälten Knoblauchzehe in eine Pfanne geben.

Leicht salzen und, nach Geschmack, etwa 1/3 TL Kümmel drüberstreuen. In den Ofen schieben und rund 45 Minuten braten, ab und zu die Pfanne herausnehmen und kräftig rütteln.

Dazu gibt es bei mir Sahnequark, der mit Pfeffer, Salz und vielen frischen Kräutern angemacht ist.

Lauchgratin

750 g Lauch

25 g Butter

1/8 l Sahne

2 Eigelbe

Salz, Pfeffer

Muskatnuß

Den Lauch putzen, die dunkelgrünen Blätter abschneiden, die helleren Abschnitte oben einschneiden, gründlich waschen und dabei den Sand zwischen den Blättern entfernen. Die Stangen in dünne Scheiben schneiden.

Den Backofen auf 190 °C vorheizen. In einem flachen Topf die Butter schmelzen lassen und den Lauch kurz darin andünsten. Dann die Lauchscheiben in eine feuerfeste Form füllen. Die Sahne mit den Eigelben, Salz, Pfeffer und geriebener Muskatnuß verquirlen, über den Lauch gießen. Im heißen Ofen 20 bis 30 Minuten überbacken.

Paßt zu Fisch, Geflügel und Fleisch mit wenig Sauce.

Gemüse und Beilagen

Neue Kartoffeln mit Minze

1 kg kleine neue Kartoffeln

Salz

1 Bund frische Minze

50 g Butter

Pfeffer

Kartoffeln gründlich säubern und mit der Bürste unter fließendem Wasser schrubben, da die Schale mitgegessen wird. In einen Topf geben, mit Wasser bedecken, salzen und zum Kochen bringen. Kurz heftig aufkochen lassen, dann die Hitze herunterschalten und zugedeckt gut 15 Minuten garen (mit einem kleinen, spitzen Messer einstechen, ob die Kartoffeln im Kern noch fest sind). Die Minze waschen, trockenschleudern und fein hacken.

Kartoffeln in ein Sieb schütten, den Topf innen säubern und abtrocknen, die Butter darin schmelzen, dann die Kartoffeln wieder in den Topf geben und in der Butter schwenken, salzen und pfeffern. Die gehackte Minze darüberstreuen. Mit einem Holzlöffel vorsichtig untermischen und einige Minuten ziehen lassen.

Rosmarin-Kartoffeln

1 kg sehr kleine, festkochende Kartoffeln

3–4 EL Olivenöl

1–2 frische Rosmarinzweige

Salz, Pfeffer

Die Kartoffeln unter fließendem Wasser gründlich säubern und abbürsten, in der Schale etwa 15 Minuten kochen, dann abgießen und ausdampfen lassen. Falls sie zu groß sind, vierteln.

In einer Pfanne das Olivenöl erhitzen und die Kartoffeln mit den Rosmarinnadeln darin bei kleiner bis mittlerer Hitze leicht anbräunen (nicht richtig rösten). Salzen und pfeffern – natürlich frisch aus der Mühle.

Stampfkartoffeln mit Löwenzahn

750 g mehlig-kochende Kartoffeln

1/2 l Fleischbrühe

250 g Löwenzahn (ganz zarter, junger)

2 EL Pflanzenöl

2 EL Essig

1 Zwiebel

Salz, Pfeffer, Muskat

Kartoffeln waschen, schälen und in Stücke schneiden. In Salzwasser 25 Minuten garen, abgießen. Mit Fleischbrühe grob zerstampfen. Löwenzahn waschen, abtropfen lassen und in Streifen schneiden. Aus Öl, Essig, fein gehackter Zwiebel, Salz, Pfeffer und Muskat eine Salatsauce rühren, mit dem Löwenzahn unter die Kartoffeln heben und lauwarm servieren.

Gemüse und Beilagen

Serviettenknödel

4 frische Semmeln

1/2 l Milch

1 ganzes Ei

1 Eidotter

50 g Butter

Salz

etwa 100 g Mehl

Die Semmeln würfeln – etwa zur Größe einer Daumenkuppe. Mit Milch, ganzem Ei und Eidotter vermischen.

Die Butter bei milder Hitze schmelzen lassen und unter die Semmelmasse rühren, leicht salzen. Die Masse etwa 15 Minuten ruhen lassen.

Nach der Ruhezeit die Knödelmasse erneut gut durchmischen und das Mehl unterkneten.

Es muß ein Knödelteig entstehen, dessen Konsistenz in der Mitte zwischen flüssig und fest liegt. Für den Anfänger empfiehlt es sich, etwas mehr Mehl zu nehmen. Der Knödel wird dann nicht ganz so locker, wie er sein soll, kann aber als gelungen anerkannt werden. Mit zunehmender Erfahrung traut man sich dann, immer weniger Mehl zu nehmen. Einfach ausprobieren!

Ein sauberes Küchenhandtuch oder eine große Serviette (daher kommt der Name) naß machen und die Knödelmasse darin zu einer Rolle formen. An beiden Enden mit einem längeren Faden zubinden.

In einem großen, möglichst länglichen Topf dreiviertel hoch Wasser zum Kochen bringen, salzen. Quer über den Topf einen langen Kochlöffel legen und die Knödelrolle mit den Bindfäden so darin befestigen, daß sie frei im Kochwasser hängt. 30 Minuten sprudelnd kochen, dann das Paket aus dem Topf nehmen, Faden lösen, die Rolle auswickeln und auf eine vorgewärmte Platte legen. Die Enden eines festen, dünnen Zwirnsfadens von etwa 30 cm Länge um die Zeigefinger jeder Hand wickeln und damit den Knödel in Scheiben schneiden, auf keinen Fall mit einem Messer, sonst klatschen die Scheiben zusammen. Vorsichtig mit einem Tortenheber servieren.

Es gibt unendlich viele Arten, Serviettenknödel zu machen. Dies ist das Rezept meiner Mutter, das einen neutralen »Saucenträger« ergibt, der zu vielen Gerichten paßt. Meine bevorzugte Verwendung: zu Steinpilzen in Sahne (Seite 59).

Gemüse und Beilagen

Gemüse-Bäckerofen

750 g festkochende Kartoffeln

300 g Möhren

3 Zwiebeln

3 Knoblauchzehen

1 Stange Lauch

3 Zweige Majoran

50 g Butter

2 Lorbeerblätter

Salz, Pfeffer

1/4 l Fleischbrühe

1/8 l trockener Weißwein

Die Kartoffeln waschen, schälen und in halbzentimeterdicke Scheiben schneiden. Die Möhren waschen, schälen und ebenfalls in Scheiben schneiden.

Zwiebeln und Knoblauchzehen pellen. Die Zwiebeln durch den Wurzelansatz halbieren und längs in Streifen schneiden. Die Knoblauchzehen fein hacken.

Von der Lauchstange den dunkelgrünen Teil abschneiden, den helleren Teil längs aufschlitzen und unter fließendem Wasser gründlich waschen, bis auch das letzte Sandkörnchen im Inneren ausgespült ist. Die Lauchstange in fingerbreite Streifen schneiden. Majoranzweige waschen, die Blättchen abzupfen.

Eine Auflaufform (zu der es einen Deckel gibt) mit etwas Butter ausstreichen. Lagenweise Kartoffel- und Möhrenscheiben, Zwiebelstreifen und Lauch einschichten, dazwischen die Majoranblättchen streuen und die Lorbeerblätter, jede Lage mit Salz und Pfeffer würzen. Die oberste Schicht soll aus Kartoffelscheiben bestehen.

Die Fleischbrühe mit dem Weißwein aufkochen und über den Auflauf gießen. Die restliche Butter in kleinen Flöckchen draufsetzen und die Form abdecken.

Haben Sie keinen Deckel dazu oder schließt er nicht ganz dicht, so decken Sie die Form mit Alufolie ab und drücken sie gut am Rand fest. Der Auflauf kommt jetzt auf der unteren Schiene in den Backofen, der Regler wird auf 175 °C geschaltet. Bei dieser Temperatur etwa 2 1/2 Stunden backen, in der letzten Viertelstunde den Deckel oder die Alufolie abnehmen, damit die Oberfläche noch etwas nachbräunen kann.

In der Form servieren. Dazu passen zum Beispiel Lammkoteletts, ein Lammrücken oder Entenbrustfilets.

> *Dieser Auflauf läßt sich sehr gut in einem großen Römertopf zubereiten. Vorher gründlich wässern.*

Gemüse und Beilagen

Kartoffelklößchen

1 kg mehligkochende Kartoffeln

1 kleine Zwiebel

1 EL Butter

2 EL Milch

etwa 100 g Mehl

1 Ei

Salz

Kartoffeln als Pellkartoffeln kochen, abgießen und ganz auskühlen lassen. Pellen und ganz fein zerstampfen. Die Zwiebel sehr fein würfeln, in Butter andünsten und mit Milch, Mehl, Ei und Salz unter das Kartoffelpüree kneten, eventuell mehr Mehl nehmen, der Teig darf nicht kleben.

Mit nassen Händen kleine Knödel formen und in reichlich siedendem Wasser gut 10 Minuten ziehen lassen.

Abgetropft nach Belieben noch mit gebräunter Butter übergießen. Zu Fleischgerichten mit viel Sauce.

Semmelknödel

Für 4–6 Personen:

10 Brötchen, altbacken

Salz, Pfeffer, Muskatnuß

3/8 l Milch

100 g durchwachsener Speck

1 Zwiebel, mittelgroß

4 Eier

25 g Butter

4 EL fein gehackte Petersilie

Die Brötchen in sehr dünne Scheiben schneiden (die Bayern können das Knödelbrot praktischerweise schon fertig geschnitten kaufen), in einer Schüssel mit Salz, Pfeffer und etwas geriebener Muskatnuß vermischen.

Die Milch erwärmen und darübergießen. Mit einem großen Teller beschweren und 30 Minuten ziehen lassen. Inzwischen den Speck und die geschälte Zwiebel fein würfeln.

> *Semmelknödel sind immer eine praktische Resteverwertung für trocken gewordene Brötchen. Aus dem gleichen Teig kann man eine längliche Rolle formen, als Serviettenknödel in ein Tuch einwickeln und in Salzwasser garen. Das läßt sich gut einfrieren und später, in Scheiben geschnitten, in Butter aufbraten. Zu Pilzsaucen oder Wild eine feine Beilage.*
>
> *Knödelreste kann man auch in feine Scheiben schneiden und mit einer Vinaigrette als Salat anmachen. Viel Schnittlauch gehört dazu.*

Gemüse und Beilagen

Die Speckwürfel in einer kleinen Pfanne auslassen, die Zwiebelwürfel darin glasig dünsten, dann etwas abkühlen lassen und mit den Eiern unter den Teig mischen.

Die Butter in einem Pfännchen schmelzen und zusammen mit der Petersilie unter den Teig kneten.

Mit angefeuchteten Händen nicht zu große Knödel aus dem Teig formen. Einen großen Topf mit Wasser aufkochen, Salz dazustreuen und in dem leise simmernden Wasser die Knödel etwa 20 Minuten ziehen lassen.

Mit einem Schaumlöffel vorsichtig aus dem Wasser heben, abtropfen lassen und zu Gerichten mit viel Sauce servieren.

 *Fisch und Meeresfrüchte*

Fisch und Meeresfrüchte

Fisch ist fein für die schnelle Küche

An Fisch habe ich mich lange Zeit nicht herangetraut. Viele meiner Koch-Freunde haben heute noch Probleme damit. Tatsächlich ist es aber viel schwieriger, ein Steak richtig zu garen, als eine Scheibe Lachs in etwas Butter und Öl auf jeder Seite 3 bis 4 Minuten zu braten und dann mit Salz und Pfeffer zu bestreuen. Ich habe deshalb kein spezielles Lachsrezept in dieses Kapitel aufgenommen, weil die Zubereitung so einfach ist. Dazu Gemüse, Salat oder Kartoffeln – ganz nach Ihrem Geschmack. Eine Sauce ist nicht nötig. Der Zuchtlachs ist unter den Fischen das, was seit den 70iger Jahren das Hähnchen beim Fleisch ist. Er ist preiswert, wird in großen Mengen produziert und ist gar nicht so schlecht. Wie Lachs allerdings wirklich schmeckt und was ihn zu einer begehrten Delikatesse gemacht hat, das wird man erst wissen, wenn man einmal den echten, sündhaft teuren Wildlachs probiert hat.

Die einfachen Zubereitungsarten für Fisch, Garen in der Folie oder im eigenen Saft, sind für fast alle Sorten brauchbar. Jedenfalls wenn man sich klarmacht, daß der Fisch ein besonders zartes »Fleisch« hat, das viel schneller gar ist als anderes Fleisch, und daß man Fisch nicht in sprudelndem Wasser auslaugen darf, sondern ihn nur in heißem Wasser unter dem Siedepunkt ziehen lassen muß, kennt man schon die wichtigsten Grundregeln der Fisch-Küche. Zu beachten ist noch, daß einfache, billige Fische keinen ausgeprägten Eigengeschmack haben, so daß sie mit Kräutern und Gewürzen aufgepeppt werden müssen, während die feinen, meist teuren Fische, die zum Beispiel aus dem Mittelmeer zu uns kommen, keiner raffinierten Zubereitungsart bedürfen und meist nur mit Salz, wenig weißem Pfeffer und etwas Zitronensaft gewürzt am besten schmecken.

Nicht billig, aber als eiserne Ration für unerwartete Gäste sehr geeignet sind Hummerkrabben, richtiger Riesengarnelen oder Shrimps genannt. Ich habe eine Portion davon – wie auch tiefgefrorene Himbeeren – immer im Tiefkühlfach, zumal ihnen Einfrieren kaum schadet. Beim Fisch dagegen schadet das sehr, deshalb kaufe ich ihn bei einem zuverlässigen Fischhändler ganz frisch und verwende ihn sofort nach dem Einkauf.

 *Fisch und Meeresfrüchte*

Schnelle Fischsuppe

2 Möhren

1 Stange Lauch

2 mittelgroße Zwiebeln

5–6 EL Olivenöl

3 Gläser Fischfond à 400 ml

1/8 l Weißwein, trocken

1/2 TL Fenchelsamen (ersatzweise 1 TL Pastis)

1 Lorbeerblatt

5–10 Fäden Safran

1 Orange (unbehandelt)

Salz, Pfeffer

1 Baguette

2 Knoblauchzehen

800 g Fischfilet, z. B. Rotbarsch, Kabeljau oder andere – fragen Sie den Fischhändler nach festkochenden Fischsorten

Die Möhren, den Lauch sowie Zwiebeln und Knoblauch putzen, schälen, in kleine Würfel schneiden.

Die Gemüsewürfel in einem Topf in heißem Olivenöl unter Rühren etwa 10 Minuten dünsten. Fischfond und Weißwein dazugießen, Fenchelsamen, das Lorbeerblatt und den Safran zugeben. Von der Orange ein Stück Schale, so etwa 2 x 4 cm groß,

Fisch und Meeresfrüchte

dünn abschälen und zur Suppe geben. Alles ohne Deckel etwa eine halbe Stunde köcheln lassen, dann mit Salz und Pfeffer abschmecken. Inzwischen den Backofen auf 100 °C vorheizen und darin in Scheiben geschnittenes Baguette leicht anrösten, eher trocknen. Die Brotscheiben mit halbierten Knoblauchzehen einreiben. Das Fischfilet in 3 x 3 cm große Würfel schneiden und in die Suppe rühren, nur 3–4 Minuten ziehen lassen. In Suppenteller Knoblauchbrot legen und mit Fischsuppe auffüllen. Heiß mit Rouille oder Aioli oder beidem servieren.

> *Diese Fischsuppe kann man noch verfeinern, wenn man statt einfacher Fischfilets Stücke von Seeteufel (Lotte), Lachs und anderer Edelfische sowie Scampi, Tintenfische und frische Muscheln verwendet.*

Rouille

3 Knoblauchzehen

1 Peperoncino (getrocknete rote Pfefferschote)

1 Kartoffel, gekocht und gepellt

8–10 Safranfäden

1/10 l Olivenöl

Salz, Pfeffer

In einem Mörser die geschälten Knoblauchzehen und die Pfefferschote sehr fein zerstoßen. Die kalte Kartoffel auf einer Rohkostreibe fein zerkleinern und zusammen mit den Safranfäden sorgfältig unter den Knoblauchbrei mischen. Nach und nach das Olivenöl dazurühren, bis eine geschmeidige Sauce entstanden ist; sollte sie zu dick werden: 1 EL Fischbrühe untermischen. Mit Salz und Pfeffer abschmecken. Wie Aioli auf Weißbrot zur Fischsuppe reichen oder einfach in einem Schüsselchen servieren, jeder löffelt davon nach Geschmack in seine Suppe.

Aioli

4–5 Knoblauchzehen

1 Eigelb

1/10 l Olivenöl

Salz, Pfeffer

1 EL Zitronensaft

Die Knoblauchzehen pellen und durch die Knoblauchpresse in eine Schüssel drücken. Das Eigelb dazurühren.

Erst tropfenweise, später in dünnem Strahl das Olivenöl mit dem Schneebesen unterrühren, bis eine mayonnaisenartige Creme entstanden ist. Mit Salz, Pfeffer und dem Zitronensaft herzhaft würzen. Auf getrocknetes Weißbrot gestrichen paßt das ebenfalls zu der Fischsuppe.

 *Fisch und Meeresfrüchte*

Gefüllte Kalamari

4–8 Kalamari-Körper, je nach Größe, etwa 700 g (sie werden oft fälschlich Tintenfische genannt)

100 g Krabben (oder kleingeschnittene Garnelen)

2 Scheiben altbackenes Weißbrot

1 Zwiebel

2–3 Knoblauchzehen

1 Bund Petersilie

5 EL Olivenöl

2 Eier

etwa 2 EL Semmelbrösel

Salz, Pfeffer

2 Gläser Weißwein

Die Kalamari waschen, säubern und die federkielartigen Blätter, »Fischbein« genannt, herausziehen. Die Krabben kurz mit kaltem Wasser überbrausen und gut abtropfen lassen.

Das altbackene Weißbrot in kaltem Wasser einige Minuten einweichen. Zwiebel und Knoblauchzehen pellen und in sehr feine Würfel schneiden. Die Petersilie waschen, kräftig trockenschütteln und fein hacken.

Den Backofen auf 180 °C vorheizen. In einem Pfännchen in 2 EL Olivenöl Knoblauch- und Zwiebelwürfel glasig dünsten, abkühlen lassen und mit den fest ausgedrückten Brotscheiben, den Eiern, gehackter Petersilie, den Krabben und Semmelbröseln vermischen. Mit Salz und Pfeffer abschmecken.

Die Kalamari mit dieser Mischung zu zwei Drittel füllen, jeweils mit einem Zahnstocher die Kopföffnungen zustecken.

In einem flachen Bräter im restlichen Olivenöl von allen Seiten leicht anbraten. Mit Wein ablöschen, salzen, pfeffern und die Pfanne in den heißen Backofen schieben. Etwa 50 Minuten darin schmoren lassen, wird die Sache zu trocken, noch etwas Wein nachgießen.

> *Wenn die Kalamari noch nicht küchenfertig vorbereitet sind, die Tentakelköpfe mit kräftigem Ruck samt Eingeweiden aus dem tubenförmigen Körper (dem Tubus) ziehen, das durchsichtige Fischbein entfernen, die Tentakel vom Kopf abtrennen, fein hacken und kurz angebraten unter die Füllung mischen. Den Kopf mit den harten Beißwerkzeugen werfe ich weg. Vom Tubus noch die dunklere Haut abziehen, das geht ganz leicht.*

Fisch und Meeresfrüchte

Miesmuscheln

2 kg Miesmuscheln

2–3 Zwiebeln

1 Bund Suppengemüse

2 EL Pflanzenöl

1/10 l Weißwein, trocken

1 Lorbeerblatt

Salz, weißer Pfeffer

Die Muscheln mit einer Bürste sehr gründlich schrubben, die außen hängenden Bärte entfernen. Sollten Muscheln darunter sein, die sich dabei nicht schließen: weg damit!, sie sind verdorben.

Die Zwiebeln pellen und in feine Ringe schneiden, das Suppengemüse putzen und fein schneiden. Im größten Topf Öl erhitzen, Suppengemüse und die Zwiebeln glasig dünsten. Mit Wein ablöschen und die Muscheln mit dem Lorbeerblatt in den Topf geben. Sofort mit dem Deckel verschließen und bei starker Hitze 5–10 Minuten kochen, bis sich alle Muscheln geöffnet haben. Dabei den Topf ab und zu kräftig rütteln. Mit etwas Salz und viel weißem Pfeffer würzen.

Geschlossene Muscheln aussortieren (können verdorben sein). Die geöffneten mit Sud in einer Terrine servieren, dazu gibt's Schwarzbrot oder Pumpernickel und Butter.

 *Fisch und Meeresfrüchte*

Hummerkrabben in Morchelrahm

25 g getrocknete Spitzmorcheln

8–12 rohe Hummerkrabben (Riesengarnelen, King Prawns), je nach Größe

Salz, weißer Pfeffer

1 Schalotte

100 g Butter

1/4 l süße Sahne

50 ml (1 Glas) Champagner oder Sekt oder leichter Weißwein

1 Knoblauchzehe

2 EL gehackte glatte Petersilie (wenn man mag)

Die Morcheln kalt abbrausen und in 1/8 l lauwarmem Wasser 20 Minuten einweichen, dabei ab und zu im Wasser schwenken, damit der Sand ausgespült wird.

Von den Hummerkrabben den Kopfteil abdrehen, den Panzer auf der Bauchseite mit den Daumen aufbrechen und abschälen. Auf der Rückenseite einschneiden, den dunklen Darm mit spitzem Messer entfernen, kurz unter fließendem Wasser abspülen. Aufschneiden, so daß sie flach aufliegen, mit Küchenkrepp trocknen. Salzen und pfeffern.

Eingeweichte Morcheln aus dem Wasser nehmen und ausdrücken. Die Schalotte schälen und sehr fein hacken, in etwas heißer Butter glasig dünsten. Die Morcheln dazugeben und mit etwas Morchelsud ablöschen (vorsichtig vom Bodensatz abgießen), einkochen lassen. Sahne und Champagner aufgießen und leise köcheln lassen, bis die Morcheln gar sind. In einer zweiten Pfanne die Garnelen in der restlichen Butter kurz anbraten, geschälte Knoblauchzehe durch eine Presse dazudrücken. Nur wenige Minuten garen. Hummerkrabben mit der Sahnesauce servieren und mit Petersilie garnieren.

Hummerkrabben mit Tomaten

12 Hummerkrabbenschwänze (Jumbo-Garnelen) oder Shrimps, ungeschält

2–3 Tomaten

1 Bund Frühlingszwiebeln

3 EL Olivenöl

evtl. 2–3 gehackte Knoblauchzehen

1/16 l Vermouth (also ein französischer), trocken oder ein trockener Weißwein

Salz

1 Msp Cayennepfeffer

1 Bund Petersilie

Hummerkrabbenschwänze mit einem scharfen Messer der Länge nach durch den Panzer halbieren, den dunkleren Darm auf der Rückseite entfernen, kurz unter fließendem Wasser abspülen. Die Tomaten mit kochendem Wasser überbrühen, enthäuten, halbieren und die Kerne entfernen. Tomatenfleisch in kleine Würfel schneiden. Die Frühlingszwiebeln waschen und den weißen Teil davon

Fisch und Meeresfrüchte

in zentimeterdicke Scheiben schneiden. Den Backofen auf 200 °C anheizen.

In einem flachen, ofenfesten Bräter das Öl stark erhitzen und die Garnelenhälften sehr kurz, nur 3 bis 4 Minuten, auf beiden Seiten anrösten, herausnehmen. Die Tomatenwürfel mit Zwiebelringen, gehacktem Knoblauch nach Belieben, in der Pfanne unter Rühren andünsten, mit Vermouth oder Wein ablöschen und die Flüssigkeit etwas einkochen lassen. Mit Salz und Cayennepfeffer würzen, in ein Schüsselchen geben. Die Hummerkrabbenhälften mit der Fleischseite nach oben in die Pfanne legen, die Tomaten-Zwiebel-Mischung darüber verteilen und im Backofen 10 Minuten garen. Derweilen die Petersilie waschen, trocknen und fein hacken. Über die Hummerkrabben streuen. Mit knusprigem Baguette servieren und einen trockenen, frischen Weißwein dazu trinken.

Fisch und Meeresfrüchte

Shrimps mit Ingwer (chinesisch)

500 g mittelgroße Shrimps, ungeschält, ohne Kopf (möglichst rohe)

1 große grüne Paprikaschote

3–4 cm frische Ingwerwurzel

2 Zehen Knoblauch

3 EL neutrales Öl (am besten Erdnußöl)

1 EL Sherry

Salz

Für die Sauce:

3 EL Ketchup

1 TL Zucker

2 TL Sherry

1 TL Speisestärke

1 EL leichte Sojasauce

1 Tasse Hühnerbrühe

Die Shrimps schälen, den Darm auf der Rückenseite mit einem spitzen Messer herausholen, kurz fließendes Wasser drüberlaufen lassen, soweit anschneiden, daß man sie flach aufdrücken kann. Mit Küchenkrepp gründlich abtrocknen.

Die Paprikaschote waschen, halbieren, Strunk, Kerne und helle Trennwände entfernen. Die Schotenhälften längs in Streifen, diese quer in kleine Würfel schneiden. Die Ingwerwurzel schälen und raspeln oder sehr fein hacken. Knoblauchzehen schälen und fein hacken.

Die Sauce zubereiten: Den Ketchup mit Zucker, Sherry, Speisestärke, Sojasauce und Hühnerbrühe glattrühren. Eine Pfanne oder, noch besser, einen Wok erhitzen. 1 EL Öl hineingeben, umschwenken und heiß werden lassen.

Die Paprikawürfel 1 Minute darin unter Rühren dünsten, herausnehmen und beiseite stellen. 2 EL Öl in die Pfanne/den Wok geben und den Knoblauch leicht anbräunen. Herausnehmen und zu den Paprikawürfeln geben. Jetzt die Shrimps mit dem Ingwer so lange im Öl unter Wenden braten, bis die Shrimps leicht bräunen und gar sind, bereits gekochte nur kurz erhitzen. Das geht recht schnell. Den Sherry und etwas Salz zugeben und noch 1/2 Minute umrühren. Die Sauce drübergießen und so lange in der heißen Pfanne oder dem Wok rühren, bis sie gebunden ist. Paprika und Knoblauch dazu, salzen und alles gut mischen. Zu Basmati-Reis servieren.

Zum Glück gibt es frischen Ingwer heutzutage in allen besseren Obst- und Gemüseabteilungen – getrockneter Ingwer als Ersatz ist nicht zu empfehlen, er schmeckt wie Kernseife.

Fisch und Meeresfrüchte

Fisch im eigenen Saft

4 Fischfilets, z. B. Rotbarsch, zu je 150–200 g

Saft von 1/2 Zitrone

Salz, Pfeffer

1 Stange Lauch

2 Möhren

1 Stückchen Sellerieknolle zu etwa 75 g

1 Bund Petersilie

3–4 Tomaten

75 g Butter

Salz, Pfeffer

Fischfilet mit Küchenkrepp trocknen, mit etwas Zitronensaft beträufeln, salzen und pfeffern. Zur Seite stellen. Lauch, Möhren und Sellerie putzen, waschen, wo nötig schälen, in feine Streifen schneiden. Petersilie waschen, trocknen und fein hacken. Tomaten mit kochendem Wasser überbrühen, häuten und vierteln. Den Boden einer feuerfesten Glasform (mit Deckel) mit einem Drittel der Butter dick ausstreichen, die Gemüsestreifen und die Tomaten darüber verteilen, den gewürzten Fisch darauflegen. Die restliche Butter in Spänen auf den Fischfilets verteilen, mit viel gehackter Petersilie bestreuen, den Deckel drauflegen. Bei kleiner Hitze langsam erhitzen, der Fisch benötigt etwa die gleiche Zeit zum Garen wie kleine Kartoffeln, die sehr gut dazu schmecken, also 20–25 Minuten.

Thunfisch mit Lorbeer

4 Scheiben frischer Thunfisch, ca. 3 cm dick, 200–250 g pro Scheibe

3 EL Zitronensaft

Salz, Pfeffer

6 EL Olivenöl

20 Lorbeerblätter

20 g Butter

Thunfischscheiben kurz waschen, mit Küchenkrepp trocknen. 2 EL Zitronensaft mit Salz, Pfeffer und 4 EL Olivenöl verrühren. Den Thunfisch zusammen mit den halbierten Lorbeerblättern und dem Zitronenöl vorsichtig in einen Gefrierbeutel legen, gut verschließen und mindestens 4 Stunden im Kühlschrank unter gelegentlichem Wenden ziehen lassen. 2 EL Olivenöl mit der Butter in einer großen Pfanne erhitzen. Die Thunfischschnitten aus der Marinade heben und von den Lorbeerblättern befreien, in der Pfanne auf jeder Seite etwa 5 Minuten braten. Der Fisch muß gerade durch sein, darf aber nicht austrocknen.

Anschließend salzen und leicht pfeffern. Aus der Pfanne auf eine vorgewärmte Platte heben. Bratensatz vom Pfannenboden mit der Marinade (aber ohne die Lorbeerblätter) lösen, aufkochen und über den Fisch gießen. Eventuell mit frischen Lorbeerblättern garnieren.

Dieses Rezept funktioniert ebenso gut mit frischen Schwertfischscheiben.

 *Fisch und Meeresfrüchte*

Gegrillter Schwertfisch – griechisch

Pro Person:

1 große oder 2 kleine Schwertfischscheiben, ca. 2 cm dick

2 EL Olivenöl

2 EL Zitronensaft

Salz, Pfeffer

Die Schwertfischscheiben mit wenig Olivenöl bestreichen und in mittelheißer Grillpfanne, über Holzkohle oder in einer Pfanne von beiden Seiten wie ein Schnitzel sehr kurz, etwa 3 Minuten pro Seite, braten. Der Fisch soll leicht gebräunt sein, darf aber nicht austrocknen.

Etwas trocken ist Schwertfisch immer. Deshalb serviert man ihn in Griechenland so:

Nach dem Grillen salzen, leicht pfeffern und mit einer Mischung aus gleichen Teilen Olivenöl und Zitronensaft übergießen. Dann schmeckt er sehr herzhaft, fast wie Fleisch. Dazu passen Spinat und Kartoffeln, zum Beispiel unsere Rosmarinkartoffeln.

Fisch im Wirsingblatt

500 g Fischfilet, z. B. Rotbarsch oder feiner: Steinbutt

4–6 EL Sojasauce

4 EL Sherry, trocken

1 Msp Cayennepfeffer

1 EL gehackte Petersilie

Salz

1 Stange Lauch

1 schöner, großer Wirsing

50 g Butter

1/4 l Fischfond (aus dem Glas)

weißer Pfeffer

Das Fischfilet in 2–3 cm große Würfel schneiden und in einer Schüssel mit Sojasauce, Sherry, Cayennepfeffer und fein gehackter Petersilie vermischen. In einem großen Topf reichlich Wasser zum Kochen bringen und dann leicht salzen.

Von der Lauchstange 2–3 lange Blätter ablösen und waschen. Vom Wirsing das äußere Grobe entfernen, dann vorsichtig 8 schöne Blätter abschneiden und waschen.

Die Lauch- und Kohlblätter 3–4 Minuten in das kochende Wasser geben (blanchieren), herausnehmen und sofort in kaltem Wasser abschrecken. Lauchblätter der Länge nach in 6–8 mm breite Streifen teilen, von den Wirsingblättern vorsichtig, ohne sie zu verletzen, die dicke Mittelrippe flachschneiden.

Auf je 1 Kohlblatt ein Achtel der Fischwürfel setzen, ein längliches Päckchen formen und mit einem Lauchstreifen verschnüren.

Fisch und Meeresfrüchte

Die Butter in einer großen Pfanne (mit passendem Deckel) heiß werden lassen und die Fisch-Kohlpäckchen auf beiden Seiten leicht Farbe annehmen lassen. Den Fischfond dazugießen, mit etwas Salz und weißem Pfeffer würzen und mit aufgelegtem Deckel 18–20 Minuten bei mittlerer Hitze garen.

In tiefe Teller verteilen und die Päckchen mit der Sauce übergießen, gleich servieren.

Fisch in Folie – exotisch

4 Fischfilets mit festem Fleisch (Seelachs, Rotbarsch, Schellfisch, Heilbutt oder Stör), jedes etwa 200 g schwer und 2 cm dick

1 Bund frisches Koriandergrün oder 50 g frische Ingwerwurzel oder 2 EL rosa Pfefferkörner

50 g weiche Butter

Salz, Pfeffer

1–2 EL Zitronensaft

Fischfilets mit Küchenkrepp trocknen. Jedes Filet für sich auf ein ausreichend großes Stück gebutterte Alufolie legen, jedes mit weiterer Butter bestreichen.

Die Filets salzen, pfeffern, mit Zitronensaft beträufeln und mit reichlich kleingehacktem Koriandergrün, fein geraspeltem oder geschnittenem Ingwer oder recht sparsam mit ganzen rosa Pfefferkörnern (werden so genannt, obwohl sie eigentlich kein Pfeffer sind) bestreuen.

Die langen Seiten der Folie darüber zusammenfassen und einige Male umschlagen, fest zusammendrücken. Die Schmalseiten ebenfalls fest zusammenkniffen und nach oben biegen. In einem breiten Topf etwa 3 cm hoch Wasser aufkochen, die Pakete hineinlegen und den Topf schließen. Bei niedriger Hitze etwa 12 Minuten garen. Wenn der Fisch dicker oder größer ist, entsprechend länger.

Im Zweifelsfall nach 10 Minuten ein Paket öffnen, probieren und gegebenenfalls wieder (verschlossen) in den Topf zurückgeben, noch einige Minuten garen.

In der Folie servieren. Dazu passen kleine Kartoffeln und ein Möhrengemüse.

Fischfilets in der Folie sind äußerst vielseitig zu variieren. Statt der exotischen Kräuter oder Gewürze kann man Basilikum, Fenchelkraut, Liebstöckel, Estragon, Bohnenkraut, Dill, Kerbel, Petersilie und andere Kräuter – allein oder gemischt – nehmen. Statt im Topf können die Alupäckchen auch im auf 220 °C vorgeheizten Backofen etwa 15 Minuten gegart werden.

Fisch und Meeresfrüchte

Feines Fischragout

2 kleinere Möhren

1 Stange Lauch, klein

2 Stengel Bleichsellerie

75 g Butter

1 Glas Fischfond, 400 ml

4–6 Fäden Safran

400 g Lachsfilet

400 g Seeteufel-Filet (Lotte) oder ein anderes festfleischiges weißes Filet

8 Hummerkrabbenschwänze (Riesengarnelen)

Salz, weißer Pfeffer

1 Becher Sahne (200 g)

1 Msp Cayenne-Pfeffer

Möhren, Lauch und Bleichsellerie putzen und waschen, die Möhren schälen, alles in sehr kleine Würfel schneiden.

In einem flachen Topf die Hälfte der Butter erhitzen und die Gemüsewürfel darin leicht anrösten.

Den Fischfond und Safranfäden dazugeben, ohne Deckel 20 Minuten leise köcheln lassen. Während dieser Zeit die Fischfilets in 3 cm große Würfel schneiden, die Hummerkrabbenschwänze von der Bauchseite her aus der Schale brechen, am Rücken vorsichtig aufschneiden und den dunkleren Darm entfernen, kurz unter fließendem Wasser waschen. Die Fischstücke salzen, pfeffern und in einer Pfanne mit der restlichen, erhitzten Butter kurz angaren, die Hummerkrabben rötlich werden lassen, die Pfanne zur Seite stellen.

Die Sahne zum eingekochten Fisch-Gemüsefond gießen und unter häufigem Rühren noch etwa 15 Minuten weiter einkochen lassen, bis die Sauce sämig ist.

Hummerkrabben in 2–3 cm große Stücke teilen. Die eingekochte Sauce mit Salz, Cayenne- und weißem Pfeffer abschmecken und die Fisch- und Hummerkrabbenstücke vorsichtig unterheben, kurz heiß werden lassen, die Sauce darf aber dabei nicht mehr kochen.

Dazu passen Basmatireis oder Tagliatelle und als Gemüsebeilage Blattspinat.

> *Die Sauce wird sämiger und feiner, wenn man nach dem Einkochen einige Stückchen eiskalter Butter (aus dem Eisfach) mit einem Schneebesen einquirlt.*

Schellfisch mit Senfbutter

2 küchenfertige Schellfische à ca. 500 g (Angelschellfisch)

2 Bund Suppengemüse

1 Zwiebel

2 Gewürznelken

1 Lorbeerblatt

Salz

125 g Butter

1 EL Dijonsenf

1 EL grober Rotisseursenf

weißer Pfeffer

Fisch und Meeresfrüchte

Die Fische kann am besten der Händler küchenfertig vorbereiten, also schuppen, ausnehmen und die Flossen entfernen lassen. Das Suppengemüse waschen und putzen, die Zwiebel pellen und mit den Nelken spicken.

In einem großen Topf einen Sud aus Wasser mit den Gemüsen, der Zwiebel und dem Lorbeerblatt 30 Minuten kochen, mit Salz würzen.

Die Fische hineinlegen und, ohne daß der Sud kocht, langsam in etwa 15 Minuten garziehen lassen. In einem Töpfchen die Butter schmelzen lassen und die beiden Senfsorten unterrühren, nach Bedarf leicht salzen und pfeffern. Die Fische filetieren und auf vorgewärmten Tellern mit der Senfbutter anrichten.

Dazu passen kleine Pellkartoffeln und ein grüner Salat mit Kräutern.

Geflügel

Geflügel

Echte »Mistkratzer« schmecken mir besser

Im Vorwort zum Kapitel »Fleisch« beschreibe ich ausführlich, warum ich Gerichte aus den klassischen Fleischsorten Rind, Kalb und Schwein nur noch selten zubereite. Da ich deswegen noch lange kein Vegetarier geworden bin, sind Lamm, Wild, Kaninchen und in erster Linie jede Art von Geflügel meine bevorzugten Fleischsorten geworden. Bei Lamm und Wild gibt es – soviel ich weiß – noch keine Massentierhaltung. Bei Geflügel dagegen muß jeder für sich entscheiden, ob er sich über die Art der Haltung und Fütterung der Tiere Gedanken macht und ob er beim Kauf auf gesundheitliche, ästhetische und ethische (Tierschutz und Tierrechte) Gesichtspunkte Rücksicht nehmen will. Anders ist es mit dem Geschmack. Da gibt es große Unterschiede, die sich (leider) auch im Preis ausdrücken. Bei vielen Geflügelgerichten spielt der Eigengeschmack des Fleisches keine so große Rolle, weil er von starken Gewürzen, Kräutern oder anderen Zutaten ohnehin überlagert wird. Ein gutes Beispiel dafür ist das »indische Huhn«. Natürlich schmeckt auch dieses Gericht besser, wenn das Huhn von allerbester Qualität ist, wenn die Hühnerbrühe selbst gemacht und der Curry aus erstem Hause ist. Aber es funktioniert auch mit einem tiefgefrorenen Huhn aus dem Supermarkt, mit Hühnerbrühe aus aufgelöstem Brühpulver und einer Currymischung von einem deutschen Gewürzhersteller. Ihre Gäste werden – wenn sie die Sauce sorgfältig abgeschmeckt haben – immer noch »oh…« und »ah…« sagen, wenn sie es bei ihnen zum erstenmal essen. Anders dagegen das »platte Huhn« aus der Toscana oder das »geblähte Zitronenhuhn«. Da kommt es ganz wesentlich auf den Eigengeschmack des Fleisches an. Probieren Sie einfach mal eines dieser Rezepte mit zwei Hähnchen verschiedener Qualität selbst aus. Ich bin sicher, Sie werden am Fleisch der freilaufenden »Mistkratzer« erahnen, daß es auch bei Hühnern so etwas wie Lebensqualität gibt und daß sich diese auf den Geschmack des Fleisches auswirkt.

Im übrigen ist es – abgesehen vom Preis – meist viel einfacher, Geflügelfleisch in bester Qualität zu kaufen, als gesundes, nicht aufgeschwemmtes Rind- oder Kalbfleisch zu finden.

Geflügel

Medaillons aus Hühnerfilet mit Wasserkastanien und Kaiserschoten

500 g Hähnchenbrustfilets (müssen aber frische sein)

1 Frühlingszwiebel

12 Wasserkastanien (aus der Dose, etwa 70 g)

1 EL Speisestärke

1 TL leichte Sojasauce

1 zerdrückte Knoblauchzehe

1/2 TL Sherry

1 TL Zucker

Salz, Pfeffer

300 g Kaiserschoten (Zuckererbsen)

1 rote Paprikaschote

4 EL neutrales Pflanzenöl (Erdnußöl)

Für die Sauce:

2 TL Speisestärke

1 TL Zucker

1 Tasse Hühnerbrühe

1 TL Essig

1 TL Sesamöl (kann auch durch neutrales Öl ersetzt werden)

2 TL leichte Sojasauce

Salz

Die Hühnerfilets waschen, mit Küchenkrepp trocknen. Die Frühlingszwiebel putzen und gründlich waschen. Die Wasserkastanien gut abtropfen lassen. Diese drei Zutaten so fein wie möglich kleinschneiden und hacken, daß man sie später formen kann, das Hähnchenfilet eventuell im Blitzhacker zerkleinern.

Speisestärke, Sojasauce, zerdrückten Knoblauch, Sherry und Zucker verrühren und unter die Fleischmasse mengen, gründlich verkneten, mit Salz und Pfeffer nachwürzen.

Den Fleischteig etwas quellen lassen, dann zu kleinen Medaillons formen. Mit leicht eingeöltem Handballen flachdrücken.

Die Kaiserschoten putzen (Enden abschneiden und eventuell die Fäden abziehen). Die rote Paprikaschote waschen, putzen, halbieren, Kerne und helle Trennhäute entfernen. Paprikahälften in kleine Würfel schneiden.

Die Sauce aus den Zutaten anrühren. Eine beschichtete Pfanne oder den Wok erhitzen. 1 EL Öl heiß werden lassen und die Kaiserschoten 1 1/2 Minuten braten. Mit Salz und 1 Prise Zucker würzen, herausnehmen und zur Seite stellen. Wieder 1 EL Öl erhitzen und die Paprikawürfel 1 Minute lang dünsten. Herausnehmen.

Nun wieder 2 EL Öl erhitzen und bei mittlerer Hitze die Medaillons auf jeder Seite in etwa 5 Minuten braun werden lassen. Nicht zu viele Medaillons auf einmal in die Pfanne geben! Das Fleisch muß durchbraten können.

Geflügel

Zuletzt alle fertigen Medaillons wieder in die Pfanne oder den Wok geben. Die Sauce noch einmal durchmischen, über die Medaillons gießen und rühren, bis alles gebunden ist.

Das Gemüse zugeben und notfalls nochmals salzen. Alles vorsichtig durchrühren und zu feinem Reis, zum Beispiel Basmati, servieren.

Mit Wirsing gefüllte Täubchen

4 Täubchen, küchenfertig

Salz, Pfeffer

1 kleiner Wirsingkohl

50 g durchwachsener Speck

2 kleine Schalotten

100 g Butter

etwas frisch geriebene Muskatnuß

1 Ei

Die Täubchen innen und außen waschen und sorgfältig trockentupfen, überall leicht salzen und pfeffern.

Die Wirsingblätter vom Strunk einzeln ablösen, die dicken Blattrippen entfernen. Die Blätter gut waschen und in kochendem Salzwasser 3 bis 4 Minuten abkochen, herausheben, kalt abschrecken und abtropfen lassen.

Die blanchierten Kohlblätter in Streifen schneiden. Den Speck und die gepellten Schalotten sehr fein würfeln.

Speckwürfel in einer kleinen Pfanne auslassen, 20 g von der Butter dazugeben und die Schalotten darin glasig dünsten. Die Wirsingstreifen mit den Schalotten und dem Speck vermischen, mit Pfeffer, Muskatnuß und wenig Salz abschmecken. Diese Mischung abkühlen lassen und das Ei unterrühren.

Den Backofen auf 200° C vorheizen. Die Täubchen mit der Wirsingmasse locker füllen und die Körperöffnungen mit Küchengarn zunähen.

Die Täubchen in der restlichen Butter bei mittlerer Hitze auf dem Herd ringsrum kräftig anbraten, dann in den Ofen schieben und weitere 25 Minuten unter häufigem Begießen mit dem Bratfett fertig garen.

Dazu feinen Butterreis oder Kartoffelpüree servieren.

Fein schmeckt auch eine Füllung aus Rosenkohl. Die Röschen putzen, vierteln und kurz blanchieren, dann weiter wie im Rezept.

Geflügel

Provenzalisches Huhn

Wird auch »Das schnellste Huhn der Welt« genannt!

2–3 Knoblauchzehen

3 doppelte Hähnchenbrüste, entbeint; oder 6 Hühnerschenkel

75 g Butter

Salz

1 Msp Cayennepfeffer

3–4 TL Paprikapulver edelsüß

1 große Dose geschälte Tomaten

1/8 l trockener Vermouth (Noilly Prat zum Beispiel)

1/2 TL getrockneter Thymian

1 Becher Sahne

1 Becher Crème fraîche

Die Knoblauchzehen pellen und grob hacken. Die Hähnchenbrüste (oder Hühnerschenkel) mit Küchenkrepp trocknen und halbieren.

In einer großen Pfanne, zu der es einen Deckel gibt, die Butter erhitzen und die Fleischstreifen bei starker Hitze kurz und scharf anbraten, dann die Temperatur verringern, mit Salz, dem Cayennepfeffer und Paprikapulver würzen.

Die Tomaten, Knoblauch und den Vermouth dazugeben, zugedeckt etwa 20 Minuten (Hühnerschenkel 30 Minuten) schmoren lassen, den Deckel abnehmen, nach Geschmack einen halben TL Thymian (oder mehr), die Sahne und Crème fraîche unterrühren und alles etwas einköcheln lassen. Vielleicht noch mit Salz abschmecken. Dazu: frisches Weißbrot oder körniger Reis.

Indisches Huhn nach Monty Pythons

3 doppelte Hähnchenbrustfilets

2 mittelgroße Zwiebeln

1 Knoblauchzehe

1/4 TL Djahé (gemahlener Ingwer)

1/4 TL Laos (Galgant, gemahlen)

1/4 TL Paprikapulver, mittelscharf

1/2 EL gutes Curry-Pulver

1/8 TL Cayennepfeffer

1 EL Mehl

3 EL Butter

1/2 l Hühnerbrühe oder Fond (selbstgekocht oder aus dem Glas)

1–3 EL Mango-Chutney (nach Geschmack)

1 TL Zucker

1 Becher Crème fraîche (150 g)

Saft von einer 1/2 Zitrone

Geflügel

Die Hähnchenbrüste in etwa 2 cm dicke Streifen schneiden. Die Zwiebeln und den Knoblauch pellen und fein hacken. Auf einem Teller die Gewürze – Ingwer, Laos, Paprikapulver, Curry und Cayennepfeffer – gut mit dem Mehl vermischen.

In einer Pfanne, zu der es einen Deckel gibt, die Zwiebeln und den Knoblauch in 2 EL Butter glasig anschwitzen. Die Hühnerstreifen in der vorbereiteten Gewürzmischung wenden und portionsweise nacheinander in der Pfanne anbraten, die fertig gebratenen herausheben, eventuell noch Butter in die Pfanne geben. Wenn alle Fleischstreifen angebraten sind, wieder alle in die Pfanne geben und das Mango-Chutney dazurühren. Mit einem Viertel der Hühnerbrühe ablöschen, dabei mit dem Kochlöffel den Bodensatz aufrühren.

Geflügel

Den Deckel auf die Pfanne legen und etwa 10 Minuten bei kleiner Hitze köcheln lassen. Danach die restliche Brühe und die Crème fraîche unterrühren, wieder 10 Minuten garen, mit Salz, Zucker und Zitronensaft abschmecken und ohne Deckel so lange köcheln, bis die Sauce schön gebunden ist.

Dazu gibt es Basmati-Reis.

> *Basmati bedeutet »Duftreis« und stammt aus den Vorgebirgen des Himalaya. Durch das mineralreiche Wasser der Gebirgsflüsse entwickelt er sein typisches Aroma und einen unvergleichlich zarten Eigengeschmack. Typisch sind die langen, schlanken Körner und leider auch sein hoher Preis.*

Huhn mit grünem Spargel und Zuckerschoten

500 g Hähnchenbrustfilets

4 EL Sojasauce

8 EL trockener Sherry

Salz, Pfeffer

Zucker

250 g grüner Spargel

250 g Zuckerschoten

8 EL neutrales Öl

1/2 TL Korianderkörner

Die Hähnchenfilets waschen, gut trocknen und in Streifen schneiden. Sojasauce mit Sherry, Salz, Pfeffer und ein wenig Zucker verrühren und die Fleischstreifen darin mehrere Stunden marinieren, also in der Würze liegen lassen und dabei gelegentlich umwenden.

Spargel waschen und die unteren Enden abschneiden, soweit sie holzig sind. Die zarten Köpfe abschneiden und zur Seite legen, die Stangen in Stücke teilen.

Zuckerschoten waschen und von Enden und Fäden befreien. Die Spargelstücke (ohne die Köpfe) in 5 EL Öl etwa 10 Minuten dünsten, dann die Köpfe und nach 2 Minuten die Zuckerschoten dazugeben. Weiter 3 bis 4 Minuten dünsten. Aus der Pfanne nehmen und warm stellen. Pfanne mit Küchenkrepp säubern und 3 EL frisches Öl stark erhitzen.

Die Hühnerstücke mit der Marinade dazugeben und 4 bis 5 Minuten dünsten, das Gemüse dazugeben und zugedeckt weitere 5 Minuten auf ganz kleiner Flamme ziehen lassen. Mit zerstoßenen Korianderkörnern und, wenn nötig, noch mit etwas Salz und Pfeffer würzen.

Geflügel

Stubenküken »Tandoori«

2 Stubenküken à etwa 400 g

5 TL Tandoori-Paste (indische Gewürzmischung)

5 EL Joghurt

Salz

2 Bund Petersilie

50 g Butter

Die Stubenküken außen und innen abwaschen, den Pürzel abschneiden und wegwerfen, die Küken sorgfältig mit Küchenkrepp trockentupfen.

Den Backofen auf 180 °C vorheizen. Die Tandoori-Paste mit dem Joghurt verrühren, an den Öffnungen (Hals und hinten) die Haut der Küken vorsichtig anheben und mit einem kleinen Löffel von der Würzmischung unter der Haut verstreichen.

Innen leicht salzen und in jedes Hähnchen einen Bund gewaschene Petersilie stecken. Die Schenkel mit Küchengarn zusammenbinden und dadurch die Füllöffnung verschließen.

In einer Bratenpfanne die Butter zerlassen und die Küken hineinlegen. Auf mittlerer Schiene in den Backofen schieben und etwa 40 Minuten garen. Nach der Hälfte der Zeit die Küken umdrehen und mit der heißen Butter aus der Pfanne begießen, damit die Haut schön knusprig wird.

Kurz vor Ende der Bratzeit den Rest von der Joghurtmischung über die Küken streichen.

Dazu körnig gekochten Basmati-Reis servieren.

Heute sind Stubenküken einfach leichtere Hähnchen und wiegen unter 750 g. Aber noch bis in die 50er Jahre hinein waren sie eine Hamburger Spezialität. Dort und in der Umgebung mästete man sie in den Stuben vorm Kachelofen mit Gerstenschrot, Buchweizengrütze, Dickmilch und kleingehackten Süßwasserfischen. Von dieser Aufzuchtmethode ist heute nur noch der Name geblieben.

Geflügel

Zitronen-Huhn

1 schönes Huhn (Kapaun, Poularde) von 1750 g mit möglichst unverletzter Haut

2 kleine Zitronen oder Limetten, unbehandelt

Salz, Pfeffer

Das Huhn innen und außen waschen und zum Abtropfen für mindestens 15 Minuten in Teddystellung auf ein Abtropfgitter setzen. Dann mit Küchenkrepp nachtrocknen und innen großzügig pfeffern und nicht ganz so großzügig salzen. Den Backofen auf 190 °C vorheizen.

Die beiden Zitronen gut waschen, trocknen und mit der flachen Hand etwa eine Minute kräftig auf dem Tisch rollen, bis sie weich sind. Mit einer Kuchengabel je 20mal einstechen, so daß nun jede 60 kleine Löcher hat. Möglichst wenig Saft austropfen lassen.

Überflüssiges Fett (vor allem den Pürzel) vom Huhn entfernen, die Zitronen in die Bauchhöhle stecken, dann das Geflügel an Vorder- und Hinterseite mit Dressier- oder Rouladennadeln zustecken oder zunähen. Keine Hohlraumversiegelung machen, alles soll eher locker

Geflügel

sein. Die Flügel mit Küchengarn an den Körper binden.

In einen ungefetteten flachen Bräter legen, und zwar mit dem Bauch nach unten. In dieser Position auf mittlerer Einschubleiste ohne Deckel in den heißen Ofen schieben und 30 Minuten braten. Dann umdrehen und 25 Minuten weiter braten.

Nun den Backofen auf 200 °C schalten, das Huhn aber nicht mehr wenden, weitere 25 Minuten zu Ende braten, bis die Haut schön braun ist. Und vielleicht aufgeblasen.

Zum Servieren die Nadeln oder das Garn entfernen und die Zitronen entsorgen.

Dazu passen Rosmarin-Kartoffeln und Brot.

Dieses auch »Bläh-Huhn« genannte Rezept stammt von Hilke Rosenboom. Ob es nach dem Braten wirklich schön aufgeplustert ist, hängt vom Huhn und der genauen Zubereitung ab. Ich habe festgestellt, daß es sich nur aufbläht, wenn man doch fast eine »Hohlraumversiegelung« macht.

Huhn mit Zwiebeln in Weinsauce

1 kg Hähnchenbrüste

Salz, Pfeffer

etwas Mehl

5 EL Olivenöl

1/4 l Weißwein

2 Knoblauchzehen, zerdrückt

1 TL Thymian, getrocknet

2 EL feingehackte Petersilie

20 sehr kleine Zwiebeln

Hähnchenbrüste waschen und trockentupfen, salzen und pfeffern, dann in Mehl wenden, das überschüssige Mehl abschütteln. In einer Kasserolle das Olivenöl erhitzen und die Brüstchen darin goldgelb braten, mit dem Wein den Bratensatz löschen und Knoblauch, Thymian und Petersilie dazugeben.

Den Deckel auflegen und etwa 15 Minuten köcheln lassen. Inzwischen die kleinen Zwiebeln pellen, aber ganz lassen. Nach den 15 Minuten die Zwiebeln zum Fleisch geben und weitere 15 Minuten simmern lassen.

Probieren, ob Fleisch und Zwiebeln gar sind; wenn nur eines davon fertig ist, herausnehmen und das andere allein fertiggaren. Zuletzt alles wieder zusammenführen, abschmecken und erhitzen. Schön heiß servieren.

Geflügel

Toskanisches Platt-Huhn

Für 2–3 Personen, eher für 2:

1 frisches Hähnchen von etwa 1 kg

Salz, Pfeffer

frische Rosmarinzweige

4 EL Olivenöl

Saft von einer Zitrone

1 Glas trockener Weißwein

20 g Butter

1 Ziegelstein in Alufolie

Da dieses Huhn fast ohne alle geschmacklichen Zutaten gebraten wird, kommt es – ähnlich wie beim Bläh- oder Zitronen-Huhn – ganz und gar auf die Qualität des Geflügels an. Ich glaube nicht, daß dieses Rezept mit einem billigen Supermarkt-Huhn funktioniert.

Ich habe es oft zubereitet und es hat jedesmal phantastisch geschmeckt – aber ich habe immer ein ausgesuchtes Freilandhuhn bei meinem Geflügelhändler (deutlich teurer als das Gefängnis-Huhn aus dem Supermarkt) gekauft.

Als wichtigste Vorbereitung muß man sich einen Ziegelstein oder einen anderen sehr schweren Gegenstand besorgen. Aus hygienischen Gründen sollte man den Stein, oder was man zum Beschweren nimmt, in Alufolie packen. Den Backofen auf 200 °C vorheizen.

Den Rückenknochen des Hähnchens mit der Geflügelschere der Länge nach durchtrennen, das Geflügel waschen, trocknen, innen und außen mit Salz und Pfeffer einreiben und dann mit der aufgeschnittenen Seite nach unten auf die Arbeitsfläche legen und mit flachen Händen von oben fest draufdrücken, bis es platt ist. Kleine Schlitze in die Haut auf Keulen und Brust machen und mehrere kleine Rosmarinzweige hineinstecken.

Hähnchen mit den Knochen nach unten in einen leicht geölten Bräter setzen und mit dem präparierten Stein beschweren. Im heißen Ofen auf der mittleren Leiste etwa 60 Minuten braten. Inzwischen Zitronensaft mit dem restlichen Olivenöl vermischen und das Huhn nach 30 Minuten damit einpinseln. Das gare Geflügel aus dem Bräter nehmen und warm stellen. (in Alufolie wickeln und in den ausgeschalteten Ofen schieben).

Geflügel

Den Bratensatz vom Boden des Bräters mit Wein lösen und eventuell mit kleinen Flöckchen Butter anreichern, das heißt, die möglichst sehr kalte Butter nach und nach mit dem Schneebesen unter den Bratfond quirlen, der dadurch leicht gebunden wird. Darauf kann man aber auch verzichten, wenn man an die Linie denkt. Zuletzt die Sauce mit Salz und Pfeffer abschmecken und zum Huhn servieren.

Durch das Plattdrücken gart das Huhn schöner und gleichmäßiger durch. Außerdem sieht es natürlich auch viel origineller aus.

Huhn oder Kaninchen in Koriandersauce

Für 2 Personen:
2 Zwiebeln
1 Bund frisches Koriandergrün
50 g Butter
etwas neutrales Pflanzenöl
250 g Kaninchen- oder Hähnchenbrustfilets
Salz, Pfeffer
3/8 l herber Weißwein
1/8 l süße Sahne
Salz, Pfeffer

Die Zwiebeln schälen und klein würfeln. Koriandergrün waschen, trockenschleudern und fein hacken. Die Zwiebelwürfel in einem Bräter mit Butter und ein wenig neutralem Öl glasig dünsten. Die Kaninchen- oder Hähnchenfilets waschen, gut mit Küchenkrepp trocknen.

Die Zwiebeln aus dem Bräter nehmen und die Filets in der verbliebenen Butter (notfalls noch etwas Butter zugeben) ringsum goldgelb anbraten. Salzen und pfeffern. Den Weißwein, die angeschmorten Zwiebeln und die Hälfte des Koriandergrüns dazugeben. Deckel auflegen und 30 bis 45 Minuten schmoren. Die Zeit hängt davon ab, ob man Huhn (kürzer) oder Kaninchen (etwas länger) hat, wie groß die Filets sind und so weiter. Daher muß von Zeit zu Zeit durch leichten Druck aufs Fleisch probiert werden, ob es fest und gar ist. Ist es soweit, das Fleisch herausnehmen, die Sahne und den restlichen Koriander in die Sauce rühren und kurz aufwallen lassen. Die Filets auf einer Platte anrichten und mit der Sauce übergießen.

Geflügel

Entenbrust mit Zuckerschoten

2 dicke Entenbrustfilets mit Haut (und Fett)

400 g Zuckerschoten (Mange Tout, Kaiserschoten)

4–5 EL Sojasauce

Pfeffer, eventuell Salz

Mit einem scharfen Messer die fette Haut von den Entenbrüsten lösen und in grobe Stücke zerteilen. Die Zuckerschoten waschen, trocknen und mit dem Daumennagel die beiden Enden abzwicken, eventuell vorhandene Fäden entfernen.

Das Entenbrustfleisch in etwa 5 mm dicke Scheiben schneiden.

In einer schweren Pfanne die Entenhautstücke bei niedriger Temperatur langsam auslassen, die Hautstücke herausfischen und wegwerfen. In dem Fett die Fleischscheiben schnell anbraten; das dauert nur 1–2 Minuten.

Herausnehmen und warm stellen. In dem Fett, das in der Pfanne verbleibt, die Zuckerschoten unter Rühren knackig garen, dann die Fleischscheiben dazugeben, kurz erhitzen und mit Sojasauce und Pfeffer würzen, eventuell ganz, ganz wenig salzen (das hängt von der Sojasauce ab).

Ganz heiß servieren. Dazu gibt es Reis, nach Belieben mit einem guten Stück Butter angereichert.

Ente à l'Orange

1 Ente, etwa 2,4 kg schwer

Salz, Pfeffer

100 g Butter

20 cl Grand Manier (Orangenlikör)

6 Orangen, eine davon unbehandelt

1 Becher Sahne, 200 g

1 EL Essig

1 TL Fleischextrakt

Zucker

Die Ente innen und außen gut waschen, dann trockentupfen und, ebenfalls innen und außen, mit Salz und Pfeffer einreiben. Die Flügel mit Küchenfaden auf den Rücken binden und die Bauchhöhle zustecken. Den Backofen auf 200 °C vorheizen, einen für die Ente ausreichend großen Bräter mit Butter ausstreichen und die restliche Butter in einem Pfännchen schmelzen.

Geflügel

Die Ente mit der Brust nach unten in den Bräter legen und obendrauf und an den Seiten mit flüssiger Butter bestreichen, aber nicht alles aufbrauchen. Auf mittlerer Höhe in den Ofen schieben und etwa 30 Minuten braten, dabei öfters mit der restlichen Butter bepinseln. Nach 30 Minuten umdrehen und mit dem Likör übergießen, weitere 30 Minuten braten.

Die fertige Ente aus dem Bräter nehmen und im ausgeschalteten Backofen bei etwas geöffneter Tür (hölzernen Kochlöffel dazwischenklemmen) warm stellen. Den Bratensaft entfetten, dazu nehme ich ein Fett-Trenn-Kännchen, in das man die Sauce füllt und über 2 verschieden hoch angeordnete Ausgüsse das oben schwimmende Fett abgießen kann.

Geflügel

Drei von den Orangen auspressen und mit dem Saft den Bodensatz im Bräter loskochen, zusammen mit dem entfetteten Bratensaft durch ein feines Sieb in eine Pfanne gießen.

Die Sahne, den Essig und Fleischextrakt dazugeben, die Sauce etwas dicker einkochen lassen und mit Salz, Pfeffer und einer Prise Zucker abschmecken.

Eine der Orangen waschen und die Rinde sehr dünn abschälen, so daß nichts von der weißen, bitteren Innenhaut anhängt, in feine Streifen schneiden.

Die Schalenstreifchen zur Seite stellen. Die 3 nicht ausgepreßten Orangen sorgfältig mit einem scharfen Messer bis ins Fruchtfleisch schälen und die Filets aus den hellen Trennhäuten schneiden, in der Sauce erhitzen. Die Ente auf einer Platte anrichten und mit der Sauce überziehen, mit den Schalenstreifen garnieren.

> *Werden die Orangenschalenstreifen vorher kurz mit kochendem Wasser überbrüht, nimmt man ihnen die herbe Note – aber auch das Zitrusaroma.*

Entenbrust-Filets mit Preiselbeersahne

2 Entenbrustfilets

2 Schalotten

25 g Butter

1 TL Pflanzenöl

1/4 l Rotwein

2 EL Preiselbeeren aus dem Glas

3 EL Crème fraîche

Salz

getrockneter Thymian nach Geschmack

Pfeffer

Die Entenbrustfilets waschen und mit Küchenkrepp gut abtrocknen. Die Schalotten schälen und fein hacken, in Butter und Öl glasig dünsten, mit dem Rotwein ablöschen, die Preiselbeeren und Crème fraîche dazugeben, etwas einkochen lassen und mit Salz und Thymian abschmecken.

Geflügel

In einer schweren Pfanne die Entenbrüste zuerst mit der Fettseite einlegen und etwa 6 Minuten scharf anbraten, dann salzen und pfeffern, die Hitze reduzieren und das Fleisch von der anderen Seite ebenfalls 6 Minuten braten. Kein Fett zugeben, es wird genug austreten! Das Fleisch etwas ruhen lassen, dann in dickere Scheiben schneiden und mit der Sauce servieren. Bei der angegebenen Bratzeit wird das Entenbrustfilet noch schön rosa und saftig sein; wer es lieber etwas durchgebratener haben möchte, verlängert die Bratzeit entsprechend.

> *Die Entenbrustfilets gibt es in Folie eingeschweißt im Supermarkt – aber im Fleischregal danach suchen, nicht in der Tiefkühltruhe!*

Hähnchenfilets mit Kräutersauce

4 dicke Hähnchenbrustfilets

2 Schalotten

150 ml trockener Weißwein

3 EL Vermouth trocken

1 Zweig Liebstöckel

Salz, Pfeffer

2 EL Pinienkerne

3 gehäufte EL gehackte Kräuter nach Marktangebot (Petersilie, Dill, Estragon, Thymian, Majoran, Bohnenkraut, Kerbel, Ruccola, Koriandergrün)

Die Hähnchenbrustfilets schön zurechtschneiden, waschen und mit Küchenkrepp trocknen. Die Schalotten pellen, hacken und mit Weißwein, Vermouth und Liebstöckel 15 Minuten kochen, durch ein Sieb in eine Pfanne gießen. Den Backofen auf 75 °C anheizen.

Die Brustfilets salzen, pfeffern und in dem Weinsud etwa 10 Minuten zugedeckt garen, nach der halben Garzeit die Filets umdrehen.

Inzwischen die Pinienkerne in einer trockenen Pfanne leicht anrösten, im Mörser fein zerstampfen. Die garen Filets auf einer Platte zugedeckt im Ofen warmhalten, den Sud durch ein Sieb gießen und mit den zerstampften Pinienkernen und den Kräutern verrühren, noch einmal aufkochen und nachwürzen.

Die Hähnchenbrustfilets anrichten und mit der Sauce übergossen servieren.

Dazu passen zarte, im ganzen gegarte Möhren, in Butter geschwenkt.

Geflügel

Entenbraten klassisch

1 küchenfertige Ente von gut 2,5 kg

Salz, schwarzer Pfeffer

100 g durchwachsener Speck

2 EL Butter

1 Zwiebel

2 säuerliche Äpfel

1 EL Zitronensaft

4 EL Semmelbrösel

1 TL Majoran, gerebelt

2 Möhren

etwa 75 g Sellerieknolle

1/2 Lauchstange

Bier oder Salzwasser zum Bestreichen

100 g Crème fraîche

Die Ente waschen, innen und außen mit Küchenkrepp trocknen, salzen und pfeffern. Den durchwachsenen Speck fein würfeln und in einer Pfanne mit wenig Butter glasig braten und auslassen. Die Zwiebel pellen, fein würfeln und zum Speck geben, leicht anbräunen.

Die Äpfel schälen, vierteln, das Kerngehäuse ausschneiden. Die Apfelviertel in feine Scheiben schneiden. Gleich mit dem Zitronensaft beträufeln, damit sie nicht braun anlaufen. Den Backofen auf 220 °C anheizen.

Apfelscheibchen mit Speck und Zwiebeln, Semmelbröseln und Majoran vermischen und in die Bauchhöhle der Ente füllen. Die Körperöffnungen mit Zahnstochern oder Küchengarn verschließen und den Vogel auf einen Bratrost legen, die Brust zeigt nach oben.

Auf der unteren Schiene in den Ofen schieben und die Fettpfanne, mit etwa 1/2 l Wasser gefüllt, darunter plazieren. 40 Minuten braten.

Dann die Ofentemperatur auf 180 °C zurückschalten, wieder Wasser in die Fettpfanne gießen, damit es die Ente immer schön feucht hat. Wiederum 45 Minuten braten. Die Möhren und den Sellerie waschen, schälen und in Stücke schneiden. Die Lauchstange putzen, waschen und in Scheiben schneiden. Nach der zweiten dreiviertel Stunde in die Fettpfanne streuen, die Ente umdrehen und noch etwa 1 Stunde braten. Dabei ab und zu nachsehen, ob Wasser in die Fettpfanne nachgegossen werden muß.

So etwa 15 Minuten vor Ende der Bratzeit die Haut der Ente mit Bier oder mit starkem Salzwasser bepinseln, damit sie knusprig wird.

Ist die Ente zur Zufriedenheit gebräunt, den Ofen ausschalten und die Fettpfanne herausziehen (die Ente bleibt noch im Ofen). Bratsatz und Gemüse mit Wasser loskochen und durch ein Sieb in

Geflügel

einen Topf streichen, das ausgebratene Fett mit einem Löffel von der Oberfläche schöpfen. Die Sauce mit der Crème fraîche abrunden und mit Salz und Pfeffer nachwürzen. Extra zur Ente servieren. Dazu passen kleine Kartoffelklößchen oder Semmelknödel (Rezepte Seite 80).

Wildentenbrust auf Wein-Sauerkraut mit Trauben

4 Wildentenbrüste ohne Haut

Salz, Pfeffer

1 EL Pflanzenöl

50 g Butter

3 Schalotten

10 Wacholderbeeren

1/2 Lorbeerblatt

500 g Sauerkraut

1/8 l Weißwein

250 g Weintrauben, vorzugsweise Muskateller

Die Entenbrüste waschen und trockentupfen, salzen und pfeffern. In einer Pfanne zuerst das Öl, dann die Butter erhitzen und die Wildentenbrüstchen darin schnell auf beiden Seiten anbraten, herausnehmen.

Die Schalotten pellen und fein würfeln, in dem Bratfett glasig dünsten und den Pfanneninhalt in einen Topf füllen. Die Wacholderbeeren leicht andrücken, mit dem halben Lorbeerblatt in den Topf geben.

Das Sauerkraut mit zwei Gabeln auflockern und mit dem Wein zugeben. Mit Salz sparsam abschmecken. Bei kleiner Hitze etwas köcheln lassen, dann die Entenbrüstchen darauflegen und den Topf zudecken. 30 bis 40 Minuten ganz leise vor sich hin simmern lassen.

Inzwischen die Trauben waschen, halbieren und die Kernchen mit einem spitzen Messer entfernen. Die Traubenhälften unter das Sauerkraut mischen und noch 4 bis 5 Minuten erhitzen.

Das Lorbeerblatt entfernen und das Fleisch auf dem Kraut anrichten. Dazu reicht man feines Kartoffel-Püree.

> *Am besten paßt zu diesem Rezept ein mildes Sauerkraut frisch vom Faß. Sonst kappen etwas Honig oder ein Schuß süßer Traubensaft die Spitze der Säure.*

 *Fleischgerichte*

Fleischgerichte

Gutes Fleisch ist mir einiges wert

Die Japaner haben die höchste Lebenserwartung der Welt, das heißt, sie werden im Durchschnitt älter als die Menschen anderswo. Es soll daran liegen, daß sie weniger Fleisch essen als andere Völker. Ob das stimmt, ist noch nicht untersucht worden, zumindest nicht mit wissenschaftlich verläßlichen Methoden. Trotzdem spukt dieser Gedanke seit langem durch mein Hirn, ebenso die Vermutung, daß im Fleisch aus Massentierhaltung – und das sind sicher 90 Prozent des Angebots – schädliche Medizinalfutterstoffe, Wachstumsförderer, Beruhigungsmittel und anderes stecken. Auch darüber habe ich keine sicheren Erkenntnisse. Aber die Verunsicherung ist da. Etwas allerdings habe ich mit eigenen Augen oft genug gesehen: Die bei der Massentierhaltung übliche Fütterung hat das Fleisch so mit Flüssigkeit vollgepumpt beziehungsweise läßt im Fleisch soviel Flüssigkeit entstehen, daß die typische Rezeptformulierung »zuerst das Fleisch auf allen Seiten kurz anbraten, damit sich die Poren schließen und das Fleisch braun wird« damit nicht mehr nachvollziehbar ist. Wie oft war ich verzweifelt, wenn ich zusehen mußte, wie das Fleisch im eigenen Saft schmorte und zusammenschrumpfte statt in der Butter oder im Öl anzubraten.

 *Fleischgerichte*

Dies und die oben geäußerten Vermutungen oder Ängste haben dazu geführt, daß ich den Verbrauch der klassischen Fleischsorten, Rind, Kalb und Schwein, in meiner Küche sehr eingeschränkt habe. Gelegentlich besorge ich mir natürlich auch mal Kalbfleisch oder Rindfleisch, das man noch richtig anbraten kann, beim alternativen Metzger (dem »Metzger meines Vertrauens« am anderen Ende der Stadt) oder lasse es mir per Post vom Bio-Bauern schicken.

Wenn trotz dieser Vorbemerkungen das Kapitel »Fleisch« das umfangreichste dieses Buches ist, so hat das mehrere Gründe. Da ich weiter Fleisch esse, bin ich auf andere Fleischsorten (Lamm, Kaninchen, Wild) umgestiegen, für deren Verwendung die Hälfte der Rezepte dieses Kapitels plädiert.

Die andere Hälfte der Rezepte habe ich in dieses Kapitel aufgenommen, weil ich niemandem vorschreiben will, was er kochen und essen soll, weil es noch immer gutes, gesundes Fleisch zu kaufen gibt und weil ich aus alter Erfahrung weiß, daß alle diese Gerichte hervorragend schmecken.

Ein gutes Messer ist mir teuer

P. S.: Bei der Vorbereitung von Fleischgerichten sind gute, scharfe Messer besonders wichtig. Mit billigen, stumpfen Messern quält man das Fleisch und sich selbst. Wie bei Schuhen gilt bei Messern: die teuersten sind auf Dauer gesehen die billigsten, weil sie ewig halten. Und nicht vergessen, einen Wetzstein mit Griff zu kaufen, damit man die Messer immer wieder scharf machen kann.

Fleischgerichte

Fleischgerichte

Saure oder Blaue Zipfel

Für den Wurzelsud:

1 Zwiebel

2 Möhren

1 dicke Scheibe Selleriewurzel

1 Stange Lauch, davon zunächst den grünen Teil

1 Lorbeerblatt

2 Gewürznelken

15 Pfefferkörner

Für die Zipfel:

pro Person 4–6 Nürnberger Bratwürstchen

das Weiße der Lauchstange, in feine Ringe geschnitten

1 Möhre, geputzt und in feine Streifen geteilt

1 Zwiebel, in sehr feine Ringe geschnitten

2 EL Essig

frischer Meerrettich zum Servieren

Für den Wurzelsud Zwiebel, Möhren, Sellerie und grünen Teil vom Lauch waschen, schälen und so weiter, in grobe Stücke teilen und zusammen mit Lorbeerblatt, Nelken und Pfefferkörnern in einem Topf mit 1 l Wasser langsam aufkochen und ohne Deckel etwa 1/2 Stunde sieden lassen. Danach die ausgelaugten Gemüse herausfischen und wegwerfen.

Den Wurzelsud erneut aufkochen, die zweiten Gemüsesorten und den Essig dazugeben und garen, aber das Gemüse soll noch Biß behalten. Zum Schluß die Nürnberger Bratwürstchen in dem Sud erhitzen – nicht kochen – durch den Essig laufen sie etwas bläulich an. Mit dem Gemüse und etwas Sud in tiefen Tellern servieren, dazu gibt es frischen, grob geriebenen Meerrettich und Bauernbrot.

Minuten-Roastbeef mit Ruccola und Parmesan

Pro Person:

2 dünne Scheiben Roastbeef (Lende)

1/2–1 Bund Ruccola

1 EL Olivenöl

1 TL Aceto Balsamico

Salz, Pfeffer

etwas Zitronensaft

wenig Olivenöl zum Braten

alter Parmesankäse

Bei einem Metzger meines Vertrauens kaufe ich pro Gast 2 Scheiben vom besten Roastbeef (was in manchen Gegenden auch Lende heißt), etwa 6-7 mm dünn geschnitten. Das Fleisch sollte etwas marmoriert, also von feinen Fettadern durchwachsen, von satt dunkelroter Farbe, reif und gut abgehangen sein.

Dazu, je nach Größe, einige Bund Ruccola. Dieses Kraut, das (zum Glück) wieder

Fleischgerichte

Mode geworden ist, kannte man schon früher bei uns als Rauke. Es hat einen kräftig-nussigen, fast pfeffrigen Geschmack. Ruccola waschen und trockenschleudern, dafür kann man eine Salat-Schleuder nehmen, die eigentlich in keinem Haushalt, wo viel Salat gegessen wird, fehlen sollte.

Aus feinstem Olivenöl und Balsamessig rühre ich eine Sauce, die mit Pfeffer und Salz abgeschmeckt wird. Einige Tropfen Zitronensaft geben ihr die gewisse Säure.

Die Ruccolablätter werden schön auf einen Teller gelegt und mit der Sauce beträufelt.

In einer großen Pfanne ganz wenig Olivenöl stark erhitzen und die Fleischscheiben darin von jeder Seite etwa 1 Minute scharf anbraten. Mit Salz und Pfeffer würzen und auf dem Ruccolasalat anrichten.

Dünne Späne von altem Parmesan drüberhobeln und gleich servieren.

Fleischgerichte

Fleischlaiberl à la Monika

1–2 altbackene Brötchen

500 g mageres Rinderhackfleisch

2 Eier

1 mittelgroße Zwiebel, gerieben oder sehr fein gehackt

100 g durchwachsener Speck, durch den Fleischwolf gedreht oder sehr fein geschnitten

1 Knoblauchzehe, zerdrückt

Petersilie

Majoran

Piment, gemahlen

Salz, Pfeffer

3–4 EL Pflanzenöl

Die trockenen Brötchen in kaltem Wasser einweichen, bis sie ganz aufgequollen sind. Dann mit den Händen sehr fest ausdrücken.

Das Hackfleisch mit den ausgedrückten Brötchen, Eiern, Zwiebel, Speck, Knoblauch, den Kräutern und Gewürzen gut durchkneten, mit Pfeffer und Salz abschmecken. Zu etwa 8 Kugeln formen und diese zu flachen Laiberln (Frikadellen) drücken. In einer Pfanne (zu der es einen Deckel gibt) das Öl erhitzen und die Laiberln auf beiden Seiten anbraten, dann wenig Wasser zugießen. Mit aufgelegtem Deckel bei sehr kleiner Hitze ganz langsam und lange garen. Gegen Ende den Deckel abnehmen, die Flüssigkeit soll dann verkocht sein und die Fleischlaiberln müssen von beiden Seiten braun und knusprig gebacken sein.

> *Die Fleischlaiberl können auch erst am nächsten Tag gegessen werden, dann schmecken sie mir ganz besonders gut.*

Mit Gemüse gefüllte Rindsrouladen

4 Rindsrouladen à 150 g

1 große Möhre

1 Scheibe Sellerieknolle, 1/2 cm dick

1 Bund Frühlingszwiebeln

1 Bund Petersilie

Salz, Pfeffer

4 TL grober Rotisseur-Senf

8 dünne Scheiben Räucherspeck

5–6 Zwiebeln

4 EL Pflanzenöl

3/8 l Fleischbrühe

1 EL Tomatenmark

1 Lorbeerblatt

Rouladen ausbreiten und mit Küchenkrepp trocknen. Die Möhre und den Sellerie schälen und in etwa 3 cm lange, dünne Stifte schneiden, die Frühlingszwiebeln waschen, das Weiße bis Hellgrüne ebenfalls in 3 cm lange Stücke teilen. Petersilie waschen, trocknen. Die Rouladen salzen, pfeffern und mit jeweils 1 TL Senf bestrei-

Fleischgerichte

chen, dann je 2 Scheiben vom Speck und anteilig Karotten- und Selleriestiften sowie Stücken von den Frühlingszwiebeln und einem Zweig Petersilie belegen. Rouladen zusammenrollen und mit Zahnstochern oder Küchengarn fixieren. Die Zwiebeln pellen und in grobe Stücke schneiden. In einem Schmortopf oder Bräter das Öl stark erhitzen und die Rouladen ringsum scharf anbraten, dann herausnehmen und die Zwiebelstücke anbraten, mit der Fleischbrühe ablöschen und die Rouladen wieder in den Topf geben. Das Tomatenmark einrühren, mit Salz und Pfeffer würzen und das Lorbeerblatt zugeben. Deckel drauf und bei kleiner Hitze 30–40 Minuten schmoren, dann ohne Deckel noch eine weitere Stunde bei mäßiger Hitze, dabei ab und zu die Rouladen umdrehen. Nur wenn notwendig, noch Wasser zugießen. Die Zwiebeln geben der Sauce die sämige Bindung.

Gulasch nach Mama Biolek

800 g Rindfleisch (man kann auch halb Rind und halb Schwein nehmen) in Würfeln

150 g durchwachsener geräucherter Speck

600 g Zwiebeln

2 Petersilienwurzeln

Öl zum Braten

Salz

1 Brühwürfel

Paprika, Gulaschgewürz, Majoran, Cayennepfeffer (sehr scharf, sparsam anwenden), Kümmel

1 TL Speisestärke

Das Rindfleisch mit Küchenkrepp gut trocknen. Den geräucherten Speck fein würfeln, ebenso die gepellten Zwiebeln und die geschälten Petersilienwurzeln. In einer großen Kasserolle oder einem feuerfesten Bräter Öl erhitzen und Zwiebeln und Speck darin unter ständigem Rühren glasig bis goldgelb braten. Die Fleischwürfel in einer anderen Pfanne in Öl anbraten, bis sich die Poren geschlossen haben und das Fleisch von allen Seiten gebräunt ist. Fleisch zu den Zwiebeln geben, salzen und soviel Wasser dazugeben, daß das Fleisch gerade bedeckt ist. 1/2 Brühwürfel, die gewürfelten Petersilienwurzeln und Gewürze (Menge nach Geschmack) dazugeben und 10 Minuten dünsten. Dann 1 l Wasser und die andere Hälfte des Brühwürfels dazugeben und solange auf kleiner Stufe zugedeckt schmoren lassen, bis das Fleisch weich ist (das dauert 1 1/2 bis 2 Stunden). Speisestärke mit 1 EL Wasser anrühren, unter das Gulasch mischen und aufkochen, bis die Sauce gebunden ist. Endgültig abschmecken und servieren. Schmeckt aber am nächsten Tag noch besser.

Dazu passen alle Arten von Knödeln.

Fleischgerichte

Schmortopf »Mont Ventoux«

je 250 g zartes, mageres Rind-, Lamm- und Schweinefleisch

150 g geräucherter durchwachsener Speck, gewürfelt

1 große Zwiebel, gewürfelt

Öl zum Braten

je 1 Handvoll grüne und schwarze Oliven

5 Zehen Knoblauch

Thymian, frisch oder getrocknet

1/2 Tasse ungeschwefelte Korinthen

ca. 1/2 l Rotwein, vorzugsweise von der Rhône

Salz

1 gehäufter EL grüner Pfeffer

1 EL Cognac

1/4 l Sahne

Alle Fleischsorten von Häuten befreien und würfeln. Den Speck und die gepellte Zwiebel würfeln. Backofen auf 200 °C vorheizen. Das Fleisch in heißem Öl (am besten in einem gußeiserner Bräter mit Deckel) braten, bis alle Seiten gebräunt sind. Unter Rühren den Speck und die Zwiebelwürfel dazugeben und anbraten, bis sie glasig sind. Oliven und den Knoblauch (durch die Presse gedrückt oder als ganze Zehen, die man beim Essen notfalls an den Tellerrand legen kann), Thymian und Korinthen zum Fleisch geben und alles mit dem Rotwein ablöschen. Den Schmortopf zugedeckt in den vorgeheizten Backofen schieben.

Nach 30 Minuten probieren, ob das Fleisch gar ist. Wenn nicht, nochmals 10 Minuten oder kürzer oder länger im Ofen lassen. Wenn es fertig ist, aus dem Bräter nehmen und zur Seite stellen. Die Sauce nun auf dem Herd einkochen lassen, bis sie etwas gebunden ist, mit Salz, grünem Pfeffer und Cognac abschmecken, mit der Sahne verrühren. Das Fleisch wieder in die Sauce geben und 15 Minuten ziehen lassen. Die Sauce darf nicht mehr kochen, sonst wird das Fleisch zäh!

Das Rindfleisch muß von einem guten Metzger und bestens abgehangen sein, sonst ist es nach der kurzen Zeit noch nicht gar.
Die Korinthen können wegbleiben, ohne sie schmeckt das Gericht auch sehr gut.

Fleischgerichte

Kalbsgeschnetzeltes, klassisch

500 g Kalbsschnitzel-Fleisch

300 g Champignons oder braune Egerlinge

3–4 Schalotten, feingewürfelt

1 EL Pflanzenöl

50 g Butter

Salz, Pfeffer

1/8 l Weißwein, natürlich trocken!

1/8 l Kalbsfond oder Brühe

1 Becher Sahne, 200 ml

2 EL gehackte Petersilie

Das Kalbfleisch mit Küchenkrepp trocknen und, sofern es noch nicht als Schnitzel geschnitten ist, in 1 cm dicke Scheiben schneiden, diese in gleichstarke Streifen.

Die Pilze gründlich putzen, möglichst nicht waschen, und blättrig schneiden. Die Schalotten pellen und fein würfeln.

In einer Pfanne Öl und Butter erhitzen, die Kalbfleischstreifen bei starker Hitze unter Rühren schnell rundum anbraten, das dauert etwa 4 bis 5 Minuten, dann aus der Pfanne heben und warmstellen. Im verbliebenen Fett die Schalottenwürfel glasig dünsten, dann die Champignonscheiben dazugeben und schnell bei großer Hitze etwas bräunen. Mit Pfeffer und Salz würzen und aus der Pfanne heben.

Den Satz in der Pfanne mit Wein und Kalbsfond oder Brühe loskochen und etwas einkochen lassen, die Sahne dazugießen und weiterkochen, bis die Sauce gebunden ist. Champignons und Kalbfleischstreifen in der Sauce nur noch einmal erhitzen, nicht mehr kochen lassen, und nochmals mit etwas Salz und Pfeffer abschmecken. Mit gehackter Petersilie anrichten.

Dazu gibt es bei mir Rösti oder weiße Nudeln.

Kalbsnieren in Senfsauce

Für 2 Personen:

1 kleinere Kalbsniere

Essig

4–5 Schalotten

2 Stengel frischer Estragon

50 g Butter

1 TL Dijon-Senf

4 EL Cognac

1 Becher Crème fraîche

Salz, Pfeffer

Die Kalbsniere halbieren, die Röhren und das Fett herausschneiden, in eine Schüssel mit Essigwasser legen und mindestens 1 Stunde wässern, dabei das Wasser öfters wechseln.

 *Fleischgerichte*

Die Schalotten pellen und in feine Scheiben schneiden. Den Estragon waschen, die Blätter abzupfen und in feine Streifen scheiden.

Die gewässerte Niere in etwa 1,5 cm dicke Scheibchen schneiden, in einer Pfanne in heißer Butter bei starker Hitze schnell anbraten, so etwa 3–4 Minuten, dann herausnehmen und warm stellen.

Die Schalotten in der Pfanne glasig dünsten, den Senf und den Cognac dazurühren, kurz aufköcheln lassen, die Crème fraîche zugeben und die Sauce etwas einköcheln lassen. Mit Salz und Pfeffer abschmecken und die Nierenstücke und den Estragon in der Sauce kurz aufkochen. Zum Beispiel mit Kartoffelpüree servieren.

Marinierte Lammkoteletts

8 Lammkoteletts, doppelt dick – über zwei Rippen – geschnitten (beim Metzger vorbestellen)

2–3 Knoblauchzehen

5–6 EL Olivenöl

1 TL Herbes de Provence (Trockenkräutermischung)

1 Glas Rotwein

Salz, Pfeffer

Die Lammkoteletts mit Küchenkrepp abtrocknen. Knoblauchzehen pellen und grob zerteilen, aus Olivenöl, Knoblauch, Kräutern und Rotwein eine Marinade rühren und die Koteletts darin mindestens über Nacht in einer Schüssel, besser noch in einem entsprechend großen Gefrierbeutel ziehen lassen, dabei gelegentlich wenden.

Zum Braten die Lammkoteletts abtropfen lassen, mit Küchenkrepp abtupfen. Eine schwere, möglichst gußeiserne Pfanne erhitzen und die Koteletts ohne Zugabe von Öl ganz schnell auf beiden Seiten anbraten; dann, je nach gewünschtem Gargrad, in 6–7 Minuten rosa braten oder noch 5 Minuten länger, dann sind sie durchgebraten, ganz nach Geschmack.

Nach dem Braten unbedingt noch 2–3 Minuten ruhen lassen, erst dann salzen und pfeffern. Auf vorgewärmten Tellern servieren.

Dazu gibt es bei mir Ratatouille (siehe Kapitel Gemüse und Beilagen, Seite 70, 74).

Wenn Sie die Herbes de Provence nicht fertig erhalten, mischen Sie getrockneten Estragon, Oregano, Thymian, Basilikum und Bohnenkraut, eventuell noch sparsam Anis, Lavendel und Ysop dazu.

Fleischgerichte

Lammkeule

Für 4 Personen:

1 Lammkeule, vom Metzger ausgelöst, ohne Knochen ca. 800 g

Salz, Pfeffer

1/2 TL Thymian

3–4 Knoblauchzehen

20 kleine Schalotten

5 EL Olivenöl

1/4 l Fleischbrühe

1 EL Tomatenmark

Die Lammkeule mit einem Messer von Haut und gröberen Fett-Abschnitten befreien, auf einem Brett ausbreiten und mit Salz, Pfeffer und einer Prise Thymian würzen. 1 Knoblauchzehe schälen, in dünne Scheiben schneiden und auf dem Fleisch verteilen, dieses zusammenrollen und mit Küchengarn zusammenschnüren.

Auch außen salzen und pfeffern. Die Schalotten pellen, ganz lassen, die restlichen

Fleischgerichte

Knoblauchzehen pellen und grob hacken. Den Backofen auf 200 °C vorheizen. In einem gußeisernen Bräter auf dem Herd das Öl erhitzen, die Lammkeule von allen Seiten 5–6 Minuten scharf anbraten. Jetzt die Schalotten und den Knoblauch dazu und noch 4–5 Minuten braten. Mit der Fleischbrühe ablöschen, das Tomatenmark und den restlichen Thymian einrühren und den Bräter ohne Deckel in den heißen Ofen schieben.

Nach 30 Minuten einmal wenden. Nach 50 Minuten ist das Fleisch gar, aber noch rosa und schön saftig; je nach Geschmack länger braten, aber vor dem Aufschneiden unbedingt 10 Minuten im zugedeckten Bräter (natürlich nicht mehr im Backofen) ruhen lassen.

Lammrücken

1 kg Lammrücken

Herbes de Provence (fertige Trockenkräutermischung, siehe Tip auf Seite 124)

Salz, Pfeffer

5 Knoblauchzehen

50 g Butter

Den Lammrücken enthäuten, die auf der Unterseite liegenden kleinen Filets herausschneiden und beiseite legen. Den Backofen auf 200 °C vorheizen. Den Lammrücken mit den Kräutern, Salz und Pfeffer einreiben. Dann vorsichtig an 5 Stellen einstechen und die geschälten Knoblauchzehen hineinstecken.

In einen Bräter oder auf ein Backblech mit Rand legen, eine halbe Tasse Wasser zugießen und die Butter in Flocken auf dem Lammrücken verteilen.

In den heißen Backofen schieben und etwa 30 Miuten braten. Nach 15 Minuten die Filets dazulegen. Die Länge der Garzeit hängt davon ab, ob man das Fleisch rosa oder durch essen will. Ich finde, daß Lamm rosa am besten schmeckt. Wenn Sie es eher durchgebraten mögen, lassen Sie es noch 10 Minuten länger im Ofen (die Filets aber erst 15 Minuten vor Garzeitende zugeben).

Wenn der Lammrücken nicht sehr gut abgehangen ist, empfiehlt es sich, ihn vorm Braten 24 Stunden lang in Öl und etwas Rotwein zu marinieren. Am besten geht das in einem Gefrierbeutel. Dazu kommen die Knoblauchzehen (statt sie ins Fleisch zu stecken) und die Trockenkräuter, aber kein Salz.

Fleischgerichte

Hammelkeule à la Rosana

1,5 kg Hammelkeule (Lammkeule)

5 Knoblauchzehen

Salz, Pfeffer

1 TL Herbes de Provence (Mischung aus getrockneten Kräutern)

10 Wacholderbeeren

5 EL Olivenöl

25 g Butter

4 cl Rotwein

2 EL Cognac

2 EL Tomatenmark

1 Brühwürfel

Den Backofen auf 250 °C vorheizen. Die Keule häuten und vom Fett befreien. Die Knoblauchzehen mit Salz zerdrücken. Das Fleisch mit Pfeffer, Herbes des Provence, dem Knoblauchsalz und zerdrückten Wacholderbeeren einreiben.

In einem Bräter Öl und Butter erhitzen und das Fleisch kurz, aber scharf auf allen Seiten anbraten.

Den offenen Bräter in den heißen Backofen schieben, die Keule öfter begießen und nach etwa 30 Minuten die Ofentemperatur auf 180 °C herunterschalten. Als Gesamtgarzeit rechnet man 30 Minuten pro Kilo. Den Rotwein, Cognac, das Tomatenmark und den Brühwürfel verrühren und mit dieser Mischung die Keule 20 Minuten vor Ende der Garzeit einstreichen, das ergibt eine knusprige Kruste. Vor dem Aufschneiden das Fleisch unbedingt noch 10 Minuten ruhen lassen, damit sich der Fleischsaft wieder gleichmäßig verteilen kann.

Eine echte »Hammelkeule« wird man heute kaum finden – im Handel gibt es nur noch zarte Mastlämmer.

Schweinefilet mit Äpfeln

1 Schweinefilet, ca. 700 g

Salz, Pfeffer

1 TL Rosmarinnadeln, etwas zerkleinert

2 EL Pflanzenöl

2 Zwiebeln

2 große Äpfel, säuerlich (z. B. Boskop)

1/4 l Sahne

4 EL Calvados

Das Fleisch abwaschen, mit Küchenkrepp trocknen und mit Salz und Rosmarin einreiben. In einer Pfanne das Öl erhitzen und das Filet ringsum scharf anbraten. Hitze zurückschalten, das Fleisch 10 bis 15 Minuten weiterbraten, bis es fast gar ist.

Fleischgerichte

Schweinefilet in Alufolie wickeln, im Ofen bei 75 °C warmhalten.

Die Zwiebeln pellen und in dünne Ringe schneiden, von den Äpfeln das Kerngehäuse ausstechen, Äpfel in nicht zu schmale Spalten teilen. Äpfel und Zwiebelringe in der Pfanne im verbliebenen Öl unter vorsichtigem Wenden etwa 15 Minuten garen. Das Filet salzen, wieder in die Pfanne legen, mit dem Calvados übergießen und mit langem Streichholz flambieren. Die Flamme mit der Sahne löschen, umrühren und einmal aufkochen lassen, mit Salz und Pfeffer würzen.

Geschmorte Beinscheiben

4 Beinscheiben vom Rind, 3–4 cm dick (insgesamt etwa 1 kg je nach Knochenanteil)

Salz, Pfeffer

4 Tomaten

4 Zwiebeln

2–3 Knoblauchzehen

4 EL Olivenöl

1/2 TL Thymian

1/8 l Rotwein

1/8 l Rinderbrühe, Kalbsfond oder notfalls Wasser

2 EL Tomatenmark

2 Lorbeerblätter

1/2 Bund Petersilie

1 unbehandelte Zitrone oder Orange

Die Fleischscheiben kurz waschen, mit Küchenkrepp trocknen, salzen und pfeffern. Tomaten überbrühen, häuten und vierteln.

Zwiebeln pellen und in Würfel schneiden, 1–2 Knoblauchzehen schälen und fein hacken.

In einem gußeisernen Bräter Öl erhitzen und das Fleisch von allen Seiten scharf anbraten, dann herausnehmen.

Zwiebelwürfel, Tomatenviertel, Knoblauch und Thymian im Topf unter Rühren anrösten, Wein und Brühe oder Wasser zugießen.

Die Beinscheiben wieder in den Bräter legen, das Tomatenmark und die Lorbeerblätter dazugeben, den Deckel auflegen und auf allerkleinster Stufe mindestens 3, besser 4 Stunden ganz behutsam schmoren lassen.

Kurz vor Ende der Garzeit 1 weitere Knoblauchzehe und eine Handvoll Petersilie (gewaschen und abgetrocknet) sehr fein hacken, von einer unbehandelten Zitrone oder Orange sehr dünn die Schale abreiben, alles vermischen und kurz vorm Servieren auf die Beinscheiben streuen. Das ist typisch italienisch und nennt sich »Gremolata«. Zu Bandnudeln servieren.

Fleischgerichte

Tafelspitz mit Apfelkren

1 kg Tafelspitz (das ist ein besonders zartfaseriges Stück Rindfleisch, oft nur durch Vorbestellung beim Metzger zu bekommen)

1 1/2–2 l Fleischbrühe, möglichst selbst gekocht (siehe auch Rezept für Borschtsch Seite 43) oder Instant-Brühe

2 Möhren

1 Scheibe Sellerieknolle

2–3 Zwiebeln

2 säuerliche Äpfel

etwas Zitronensaft

10 cm frische Meerrettichwurzel (Kren)

Salz

Den Tafelspitz mit Küchenkrepp trocknen. In einem großen Topf die Fleischbrühe aufkochen, das Fleischstück in die sprudelnd kochende Brühe legen und die Hitze zurückschalten.

Wenn sich der Schaum an der Oberfläche gefestigt hat, mit einem Löffel abheben und erst jetzt den Deckel auflegen. Bei schwacher Hitze den Tafelspitz langsam garziehen lassen, das dauert etwa 2 Stunden.

Etwa 1/2 Stunde vor Ende der Garzeit das Gemüse (Möhren, Sellerieknolle und Zwiebeln) putzen, grob zerteilen und zugeben. Die Äpfel schälen und auf einer Rohkostreibe raffeln, mit etwas Zitronensaft vermischen, damit sie nicht braun anlaufen.

Den Meerrettich schälen und auf einer sehr feinen Reibe in dünne Späne reißen, dann mit den geriebenen Äpfeln vermischen. Mit wenig Salz würzen.

Das Fleisch quer zur Faser in nicht zu dicke Scheiben schneiden, auf Tellern mit jeweils etwas Brühe und Gemüse anrichten. Dazu gibt es den Apfelkren und Bouillonkartoffeln oder, wie im Hotel Sacher in Wien, Röstkartoffeln.

In vielen Kochbüchern wird der Tafelspitz in Wasser gegart. Mir schmeckt er besser, wenn er in Brühe garzieht. Diese Bouillon wird durch den Tafelspitz noch reichhaltiger und Reste davon kann man sehr gut in Portionen einfrieren. So habe ich immer die Basis für eine kräftige Suppe in der Küche.

 *Fleischgerichte*

Lungenbraten nach Mama Biolek

1 kg Rinderfilet

je 150 g Möhren, Sellerieknolle, Petersilienwurzel, Lauch und Zwiebel

200 g Speck

neutrales Öl zum Braten

1 TL Pfefferkörner

5 Wacholderbeeren

2 Lorbeerblätter

1/2 TL Thymian

eventuell Rotwein zum Angießen

1–2 Becher saure Sahne oder Crème fraîche

Salz, Pfeffer aus der Mühle

Zitronensaft

evtl. Zucker

Vom Rinderfilet eventuell die letzten Häutchen entfernen, das Fleisch mit Küchenkrepp gut trocknen. Das Gemüse waschen, putzen und so weiter und in kleine Stücke schneiden.

Den Speck würfeln und in einem passenden Bräter in etwas Öl anbraten. In diesem Fett das Gemüse mit Pfefferkörnern, den zerdrückten Wacholderbeeren, Lorbeerblättern und Thymian anrösten. Das Gemüse zur Seite schieben und das Fleisch im Fett von allen Seiten kurz anbraten. Das Gemüse auf dem Boden verteilen und Wasser (oder Rotwein) angießen. Das Fleisch soll nicht mit Flüssigkeit bedeckt sein, aber etwa zur Hälfte darin liegen. Daher einen nicht zu großen Bräter verwenden.

Sachte schmoren, dabei öfter begießen und zwischendurch einmal wenden.

Nach 30 Minuten probieren, ob das Fleisch gar ist. Die Garzeit richtet sich danach, ob man das Filet innen noch rosa oder ganz durch haben will, dann braucht es einige Minuten länger. Wenn es fertig ist, das Fleisch herausnehmen und in Alufolie wickeln, im Ofen bei 75 °C warmhalten. Die Flüssigkeit notfalls etwas einkochen lassen, dann durch ein Haarsieb streichen (es geht auch mit dem Mixer, nur wird die Sauce nicht so fein). Nun mit glattgerührtem Sauerrahm oder Crème fraîche binden und mit Salz, Zitronensaft, gemahlenem Pfeffer und eventuell etwas Zucker abschmecken. Falls die Sauce zu flüssig ist, kann man sie mit in kaltem Wasser angerührter Speisestärke andicken.

Der Braten hat mit der Lunge nichts zu tun, sondern die Bezeichnung »Lungenbraten« wird für das edle Filet gebraucht.

Fleischgerichte

Bœuf Stroganoff à la Anne

500 g Rinderfilet

3 Schalotten

3–4 Tomaten, je nach Größe

250 g Champignons

2–3 Gewürzgurken

30 g Butter

2 TL Pflanzenöl

1/4 l saure Sahne oder Crème fraîche

1 TL Senf

Salz, Pfeffer

Saft einer halben Zitrone

Rinderfilet in fingerdicke Scheiben, diese in nicht zu feine Streifen schneiden. Die Schalotten pellen und sehr fein hacken. Die Tomaten mit kochendem Wasser überbrühen, schälen und das Fruchtfleisch würfeln. Die Champignons putzen, aber möglichst nicht waschen, in feine Blättchen schneiden. Gewürzgurken schälen und fein würfeln.

In einer Pfanne die Hälfte der Butter und 1 TL Öl erhitzen und die Filetstreifen rundum schnell scharf anbraten. Das Fleisch aus der Pfanne heben und abtropfen lassen, den Saft auffangen und zurück in die Pfanne geben, das Fleisch zur Seite stellen. In einer zweiten Pfanne restliche Butter und Öl erhitzen und die Schalottenwürfel glasig dünsten, dann die Champignons dazugeben und kurz anbraten.

In der Pfanne mit dem Fleischsaft die Sahne oder Crème fraîche mit Senf, Pfeffer, Salz und dem Zitronensaft abschmecken und erhitzen. Die gedünsteten Schalotten, die Champignons, Tomaten- und Gurkenwürfel kurz darin aufkochen, die Pfanne vom Herd nehmen und das Fleisch dazurühren. Kurz ziehen lassen.

Dazu passen Salzkartoffeln, mit gehackter Petersilie bestreut, Rösti oder Reis.

Fleischgerichte

Kaninchen provenzalisch

1–2 Kaninchenrücken (je nach Größe; vom Händler die Rückenfilets auslösen lassen)

3–4 Fleischtomaten

100 g schwarze Oliven

2–3 Knoblauchzehen

25 kleine Zwiebeln oder Schalotten

4–5 EL Olivenöl

Salz, Pfeffer

1/4 l Rotwein der Sorte, die später zum Essen getrunken wird

1 Glas Kalbsfond (400 ml)

1 EL Tomatenmark

1/2 TL Thymian

1 Lorbeerblatt

100 g Crème fraîche

Das Kaninchenrückenfleisch mit Küchenkrepp abreiben und in 2–3 cm dicke Scheiben schneiden. Die Fleischtomaten in kochendem Wasser kurz überbrühen, häuten, halbieren und die Kerne ausdrücken, das Fruchtfleisch würfeln. Die Oliven entsteinen und vierteln, die Knoblauchzehen pellen und fein hacken.

Die Zwiebeln oder Schalotten pellen, aber ganz lassen. In einem möglichst gußeisernen Bräter das Olivenöl stark erhitzen, die Kaninchenstücke darin scharf anbraten, herausnehmen, pfeffern und salzen.

Die Zwiebeln in den Bräter geben und andünsten, nach 4–5 Minuten den Knoblauch dazustreuen und nach weiteren 3 Minuten die Tomatenwürfel. Mit Wein und Fond ablöschen und das Tomatenmark einrühren, Thymian, Lorbeerblatt und die Oliven dazugeben.

Alles aufkochen lassen und, ohne Deckel, etwa 30 Minuten köcheln lassen, dann das Kaninchenfleisch dazumischen und weitere 20 Minuten leise simmern lassen.

Jetzt die Crème fraîche unterrühren und nochmals etwa 15 Minuten köcheln, dann mit Salz und Pfeffer abschmecken.

Hierfür sollte man gute schwarze Oliven nehmen, wie man sie zum Beispiel in türkischen Läden findet – Oliven aus dem Glas sind oft nur schwarz gefärbt und schmecken nach nichts.

Fleischgerichte

Kaninchen alla Renardo

1 Kaninchen, 1 kg

Salz, Pfeffer

2 grüne Paprikaschoten

5 Sardellenfilets

2–3 Knoblauchzehen

40 g durchwachsener Räucherspeck (z. B. Südtiroler)

4 EL Olivenöl

4 EL Weißweinessig

1 Zweig Rosmarin (oder 1 TL getrockneter

1/4 l Kalbsfond (aus dem Glas) oder Weißwein

Das Kaninchen in 8 bis 10 Teile zerlegen, waschen und mit Küchenkrepp gut trocknen. Die Stücke rundum mit Salz und Pfeffer würzen.

Die Paprikaschoten waschen, halbieren, Kerne und Trennhäute entfernen, das Fruchtfleisch in zentimeterbreite Streifen schneiden. Die Sardellenfilets mit Küchenkrepp trocknen und fein hacken.

Die Knoblauchzehen schälen und mit einer Messerklinge zerdrücken. Den Speck sehr klein würfeln und in einer großen, flachen Schmorpfanne in etwa 1 EL Olivenöl ausbraten, die Grieben herausheben und zur Seite stellen. Im Bratöl die Paprikastreifen schmoren, Knoblauch dazugeben, den Weißweinessig angießen und etwas einkochen. Die gehackten Sardellen einrühren, kurz aufkochen. Alles aus der Pfanne in ein Schüsselchen heben.

Das restliche Olivenöl in den Bräter geben und die Kaninchenteile rundum kräftig anbraten. Gehackten Rosmarin und den Fond zugeben und 45 Minuten sachte schmoren lassen.

Danach die Paprika-Sardellenmischung zum Fleisch geben und noch 15 Minuten schmoren lassen. Die Sauce sparsam mit Salz und Pfeffer abschmecken. Zuletzt die Speckwürfel aufstreuen und servieren.

Dazu passen Salzkartoffel oder eine Polenta, mit 1/3 Milch und 2/3 Wasser gekocht.

 *Fleischgerichte*

Stifátho von Hasenkeulen

4–6 Hasenkeulen (Hinterläufe), je nach Größe

Salz

3–5 Knoblauchzehen nach Geschmack

6 EL Olivenöl

1 Glas Kalbsfond, 400 ml

1/4 l Rotwein, trocken natürlich

2 EL Tomatenmark

3 Lorbeerblätter

1/2 TL Thymian

3 Msp Zimtpulver

1 EL Essig

500 g kleine Zwiebeln

Pfeffer

Die Hasenläufe abwaschen, putzen, mit Küchenkrepp abreiben, salzen. Die Knoblauchzehen pellen und fein hacken. In einem gußeisernen Bräter das Öl erhitzen und die Hasenläufe scharf von allen Seiten anbraten. Mit dem Fond und Rotwein löschen, dann Tomatenmark, Lorbeerblätter, Thymian, Zimt, Essig und den gehackten Knoblauch dazugeben. Zugedeckt etwa 1 Stunde bei schwacher Hitze schmoren lassen. In der Zwischenzeit die kleinen Zwiebeln pellen, aber ganz lassen. Die Keulen aus dem Bräter nehmen und mit einem Messer das Fleisch ablösen, in etwa 3 cm große Würfel schneiden und zusammen mit den Zwiebeln zurück in den Topf geben. Weitere 45 Minuten bei kleiner Hitze köcheln (mit Deckel), dann mit Salz und Pfeffer abschmecken. Das ist ein typisches griechisches Gericht, an das unbedingt Zimt gehört.

Hasenrücken

2 Hasenrücken, ungespickt

15–20 Wacholderbeeren

Salz, Pfeffer

3 EL Butter

150 g rohgeräucherter Speck in dünnen Scheiben

1 Becher Sahne (250 g)

1–2 EL Gin oder Cognac

Den Backofen auf 200 °C anheizen. Die Hasenrücken abwaschen und trockentupfen, mit einem spitzen Messer häuten und links und rechts des Rückenknochens 5–7 mm einschneiden. Die Wacholderbeeren im Mörser zerdrücken (das geht auch mit der Klinge eines großen Messers) und mit Salz und Pfeffer mischen. In einer ofenfesten Pfanne die Butter auf dem Herd erhitzen, die Rücken mit der Wacholder-Pfeffer-Salz-Mischung einreiben und 3–4 Minuten ringsum anbraten, mit den Speckscheiben belegen und in den heißen Backofen schieben. Nach 10 Minuten den

Fleischgerichte

Speck abnehmen, die Rücken mit der Bratbutter begießen und fertigbraten, je nach Größe und Geschmack (rosa oder durch) noch 10 bis 15 Minuten. Das Fleisch aus der Pfanne nehmen und im abgeschalteten, etwas geöffneten Backofen warm stellen. Den Pfanneninhalt auf dem Herd mit der Sahne ablöschen und etwas einkochen lassen, mit Salz (Vorsicht: der Speck war gesalzen) und Pfeffer abschmecken, mit einem Schuß Gin (Wacholder) oder Cognac abrunden. Die Rückenfilets vom Knochen lösen und kurz in der Sauce schwenken. Dazu paßt junges Weißkraut, in Butter geschmort, oder alles, was ein Hase so zu sich nimmt: Karotten, Wirsing, Kohlrabi und so weiter.

Sollte das Fleisch noch zu rosa sein, in der köchelnden Sauce nach Geschmack weiter- oder fertiggaren.

Fleischgerichte

Hase flämisch, süß-sauer (geht auch mit Kaninchen)

1,25 kg Hasenfleisch (wenn ausgelöst und ohne Knochen, dann entsprechend weniger)

5 Knoblauchzehen

1 EL frischer Rosmarin oder 1 TL getrockneter

1 sehr große Zwiebel

2 Möhren

6 Stangen Bleichsellerie

5 mittelgroße Tomaten

150 ml neutrales Öl

1/2 Bund frisches Basilikum, fein gehackt

2–3 Lorbeerblätter

Pfeffer, Salz

1 Würfel Gemüsebouillon

1 Flasche Rotwein (0,75 l)

250–300 g Tomatenmark

500 g Rosinen, in 100 ml frisch gepreßtem Orangensaft eingelegt

2 EL geriebene Orangenschale (unbehandelt)

2 gehäufte EL Kakaopulver (ungesüßt)

1 gehäufter EL Zucker

150 ml Apfelessig

Das Hasenfleisch waschen, mit Küchenkrepp trockentupfen. Die Knoblauchzehen pellen, 3 davon fein würfeln, 2 davon durch die Knoblauchpresse drücken. Den Rosmarin waschen, die Nadeln vom Stiel zupfen und fein hacken. Das Fleisch in einen Bräter legen, den gewürfelten Knoblauch und den Rosmarin dazugeben und etwa 2 cm hoch Wasser auffüllen. Aufkochen und solange sieden lassen, bis das Wasser verdampft ist.

Inzwischen die Zwiebel pellen und fein würfeln. Möhren und Bleichsellerie waschen, Möhren schälen und fein würfeln. 2 Stangen Bleichsellerie würfeln, 4 Stangen sehr fein hacken (eventuell im Blitzhacker). Die Tomaten überbrühen, häuten und in grobe Würfel schneiden.

Öl in den Bräter zum Fleisch geben und die Zwiebeln, die Möhren, den ganzen Sellerie (den gewürfelten und den feingehackten), den durchgepreßten Knoblauch mit Basilikum, Lorbeerblättern, Pfeffer und Salz etwa 5 Minuten ohne Deckel schmoren. Gemüsebouillon in 300 ml heißem Wasser auflösen und zugießen. Bei kleiner Hitze ohne Deckel kochen lassen, bis die Flüssigkeit etwa auf die Hälfte eingekocht ist, während des Schmorens den Rotwein in drei Schüben seitlich zugießen.

Dann die frischen Tomatenwürfel und das Tomatenmark dazugeben und nochmals mit aufgelegtem Deckel etwa 10 Minuten auf kleiner Stufe kochen lassen. Den Orangensaft mit den Rosinen und die geriebene Orangenschale dazugeben. Den Kakao und den Zucker in etwas kaltem Wasser anrühren, mit dem Essig vermi-

Fleischgerichte

schen und das ganze erhitzen, aber nicht kochen lassen. Unter Fleisch und Gemüse mischen und nochmals 8 bis 10 Minuten auf kleiner Stufe garen. Das Fleisch zwischendurch probieren und herausnehmen, wenn es gar ist. Zum Aufwärmen kurz vorm Servieren dann wieder in die Sauce geben.

Ein unglaubliches Rezept, ich konnte mir erst nicht vorstellen, wie so etwas schmecken kann. Aber ich habe es probiert – und war hellauf begeistert.

Hirschkalbsrücken mit Champignons

1,5 kg Hirschkalbsrücken (mit Knochen)

Salz, Pfeffer

1/2 TL Pimentkörner

2 Zwiebeln

2 Möhren

2 Stangen Staudensellerie

2 EL Pflanzenöl zum Braten

1 Lorbeerblatt

100 g fetter Speck in dünnen Scheiben

1/4 l kräftiger Rotwein

250 g Champignons

1 EL Butter

1 Becher Sahne (200 g)

Majoran, Thymian

Den Hirschkalbsrücken kurz abspülen, mit Küchenkrepp trocknen und anhängende Häute abziehen. Das Fleisch links und rechts entlang des Rückenknochens etwa 2 cm tief einschneiden. Mit Salz, Pfeffer und zerstoßenem Piment rundum einreiben.

Den Backofen auf 250 °C vorheizen. Zwiebeln und Möhren schälen, fein würfeln. Die Selleriestangen waschen und in kleine Stücke schneiden.

Das Öl in einen flachen Bräter erhitzen, Gemüsewürfel darin anschmoren. Lorbeerblatt dazulegen und das Fleisch daraufsetzen, mit den Speckscheiben belegen.

In den heißen Ofen schieben, Temperatur auf 220 °C zurückschalten. 1 Stunde bis 70 Minuten braten.

Vom gebratenen Hirschrücken die Speckscheiben abnehmen und das Fleisch warmhalten. Den Bratensatz mit Rotwein aufgießen und etwas einkochen, durch ein feines Sieb streichen.

Die Champignons putzen, säubern und blättrig schneiden, in Butter anbräunen. Den passierten Bratfond zugeben und um die Hälfte einkochen. Die Sahne einrühren und ebenfalls etwas einkochen, die Sauce mit Salz, Pfeffer, Majoran und Thymian abschmecken. Zum Braten servieren.

Dazu passen Serviettenknödel (Seite 78) oder Kartoffelklößchen (Seite 80).

Fleischgerichte

Rehrücken, weihnachtlich

1,2 kg Rehrücken

1/2 l Rotwein, trocken

15 Wacholderbeeren, zerdrückt

20 Pfefferkörner

1/2 TL Thymian

2 Gewürznelken

2 Lorbeerblätter

2 EL Preiselbeeren aus dem Glas

1 Zimtstange, ca. 5–6 cm

1 Stück Ingwerwurzel, ca. 5 cm, in Scheiben geschnitten

2 EL Pflanzenöl

75 g geräucherter Speck

50 g Butter

Salz, Pfeffer aus der Mühle

1 Becher Sahne (200 g)

Den Rehrücken enthäuten und am Rückenknochen entlang links und rechts mit einem Messer etwa 1/2 cm tief einschneiden. Für die Marinade Rotwein mit Wacholderbeeren, Pfefferkörnern, Thymian, Nelken, Lorbeerblättern, Preiselbeeren, durchgebrochener Zimtstange, Ingwerscheibchen und Pflanzenöl mischen. Den Rehrücken in einen Tiefkühlbeutel legen, die Marinade darübergießen und den Beutel dicht verschließen.

Mindestens über Nacht im Kühlschrank ziehen lassen, gelegentlich wenden.

Am nächsten Tag den Backofen auf 220 °C anheizen. Den Speck würfeln und in einem passend großen Bräter ausbraten. Den Rehrücken aus dem Beutel nehmen und trockentupfen, die Marinade durch ein Sieb in eine Schüssel gießen.

Die Butter zum Speck geben und schmelzen lassen, den Rücken damit begießen, pfeffern und salzen und im Bräter in den heißen Backofen schieben. 35 bis 40 Minuten braten, dabei immer wieder mit dem Bratfett begießen.

Das Fleisch aus dem Bräter nehmen und im abgeschalteten, etwas geöffneten Ofen warmstellen.

Die Pfanne auf den Herd setzen und etwa 1/4 l von der Marinade schnell einkochen lassen, dann die Sahne zugießen und zu einer leicht gebundenen Sauce einkochen. Mit Salz und Pfeffer abschmecken und zum Rehrücken servieren.

> *Schmeckt natürlich nicht nur an Weihnachten, sondern immer dann, wenn man einen festlichen Braten zubereiten möchte.*

Fleischgerichte

Rehkeule

1,5 kg Rehkeule

neutrales Öl zum Braten

1 Stück Sellerieknolle

2 Möhren

1/2 Lauchstange

1 Zwiebel

1 Petersilienwurzel

4 EL Preiselbeeren

1/2–1 TL Thymian

5 Wacholderbeeren zerdrückt

je 1 TL Pimentkörner und Pfefferkörner

2 Gewürznelken

3 Tomaten, gehäutet (aus der Dose)

1/2 l Rotwein

100 g ungeräucherter fetter Speck in dünnen Scheiben

200 g Crème fraîche

Saft von 1/2 Zitrone

Salz, Pfeffer

evtl. etwas Edelpilzkäse (Gorgonzola oder Bresse bleu)

Die Rehkeule waschen, trocknen und vorsichtig enthäuten. Das Suppengemüse putzen, waschen, schälen und in kleine Würfel schneiden. Die Keule in einem Bräter in heißem Öl auf allen Seiten anbraten. Herausnehmen, die Preiselbeeren in das Bratöl rühren und etwas karamelisieren lassen. Das Gemüse mit allen Gewürzen einrühren und andünsten. Die Tomaten dazugeben, mit Rotwein ablöschen. Fleisch darauflegen und mit den Speckscheiben abdecken. Entweder im Backofen (auf 180 °C vorgeheizt) ohne Deckel oder auf dem Herd mit Deckel schmoren lassen. Immer wieder begießen, vor allem, wenn der Braten im Ofen gart. Ist die Oberhitze zu groß und bräunt das Fleisch zu stark, die Keule mit Pergamentpapier abdecken (dieses natürlich beim Begießen abnehmen).

Die Rehkeule soll nicht rosa, sondern durchgebraten gegessen werden. Daher muß man mit 1 Stunde Garzeit rechnen. Mindestens!

Danach das Fleisch aus dem Bräter nehmen und warm stellen. Vorsicht: Im zu heißen Ofen würde es weitergaren und hart werden, also die Ofentür einen Spalt breit offen lassen (zum Beispiel einen Holzlöffel dazwischenklemmen).

Den Schmorfond durch ein Haarsieb streichen (im Mixer geht's auch, die Sauce wird aber nicht ganz so fein). Mit Crème fraîche, Zitronensaft, Salz, Pfeffer und nach Belieben auch mit dem Edelpilzkäse abschmecken.

Vielleicht mit Zucker oder Preiselbeeren noch nachsüßen. Süße und Säure müssen sich die Balance halten. Es darf nicht süß-sauer schmecken. Das Fleisch aufschneiden, eventuell nochmals in der Sauce vorsichtig aufwärmen.

Nachtisch und Süßes

Nachtisch und Süßes

Für Gäste muß ein Nachtisch sein

Beim Thema Dessert komme ich immer in einen inneren Konflikt: Zu einem abgerundeten Essen gehört für mich unbedingt ein süßer Nachtisch. Das ist die eine Seite. Die andere ist, daß nichts so dick macht wie ein köstliches Dessert, von dem man ja leider auch nie genug kriegen kann. Ich habe daher immer das Gefühl, daß ich beim süßen Nachtisch all jene Kalorien oder Joule wieder zu mir nehme, die ich durch den Verzicht auf fette, sahnige Saucen beim Hauptgericht eingespart habe. Trotzdem wird das Dessert bei mir nur dann gestrichen, wenn ich mich am selben Tag bereits nachmittags zu einem Stück Kuchen habe verführen lassen.

Für meine Gäste gibt es natürlich immer was Süßes. Gehaltvolle Desserts wie die Sauerkirschen-Lebkuchen-Sahne-Bombe oder die Marillen-Knödel mit zerlassener Butter serviere ich nur alle Schaltjahre einmal. Ansonsten gebe ich mich zum Beispiel mit dem selbstgemachten Joghurt, den ich natürlich mindestens mit Zwetschgenkompott esse, der Illusion hin, ich hätte etwas zum Erhalt meiner Konfektionsgröße 50 getan. Oder ich esse ein leichtes Frucht-Dessert, wie Himbeeren mit weißen Pfirsichen. A propos Himbeeren: So wie ich für alle Fälle immer Spaghetti und die Zutaten für eine einfache Tomatensauce im Hause habe, so beherbergt mein Tiefkühlfach stets Vanilleeis und tiefgefrorene Himbeeren. Das hat mir schon oft geholfen, wenn nach einem spontanen, vorher nicht geplanten Essen plötzlich jemand fragte: »Und hast du vielleicht auch etwas Süßes im Haus?« Fünf bis acht Minuten später stand das Dessert, Vanilleeis mit heißen Himbeeren, auf dem Tisch.

Das Rezept der »Birnen mit saurer Sahne« stammt aus meiner mährischen Heimat und war dort die Füllung, die man zwischen den oft hohen Turm von Palatschinken strich. Auch eine wunderbare Erinnerung an meine Kindheit: Im katholischen Elternhaus gab es freitags Fisch oder eine Mehlspeise als Hauptgang. Und dann war der Palatschinken-Turm sehr hoch. Heute esse ich Palatschinken – wenn überhaupt – nur ganz klassisch mit wenig Aprikosenmarmelade. Alles wegen der Konfektionsgröße 50.

Nachtisch und Süßes

Lauwarmes Apfel-Ragout

3–4 Äpfel zum Dünsten, z. B. Boskop

50 g getrocknete säuerliche Aprikosen

1/2 Tasse Walnußkerne

1 EL Zucker

2–3 EL Butter

gemahlener Zimt nach Geschmack

Die Äpfel schälen, vierteln, Kerngehäuse entfernen, die Apfelviertel in etwa 1,5 cm dicke Spalten schneiden. Die Aprikosen mit heißem Wasser überbrausen, trocknen und in dünne Stifte schneiden. Die Walnußkerne grob hacken.

In einer Pfanne den Zucker bei mittlerer Hitze leicht schmelzen, aber nicht bräunen lassen. Die Butter, die Aprikosenstifte und die Nüsse zugeben. Die Apfelspalten untermischen und unter vorsichtigem Rühren bei mittlerer Hitze dünsten, bis die Äpfel gar sind, aber noch etwas Biß haben.

Nach Belieben mit gemahlenem Zimt bestreuen.

> *Duft und Geschmack erinnern an weihnachtliche Bratäpfel. Schmeckt sehr gut zu Vanilleeis.*

Joghurt türkische Art

2 l H-Milch, vollfett

1/4 l Sahne

1 Becher Vollmilch-Joghurt, nicht wärmebehandelt, zu 150 g

In einem Topf die Milch aufkochen, wenn sie hochsteigt, die Sahne einrühren. Topf vom Herd nehmen und etwa 30 Minuten abkühlen lassen, bis die Milch lauwarm ist (am Topf fühlen), es bildet sich eine Haut. Jetzt den Joghurt löffelweise vorsichtig durch ein Loch in der Haut »einfächern«, also einen Löffel linksrum, einen Löffel rechtsrum, ohne die Haut auf der Milch zu zerreißen.

Topf fest zudecken und in viele Küchentücher und Decken wickeln, um die Wärme lange zu halten (Kochkisten-Effekt). 8–9 Stunden ruhen lassen, dann in den Kühlschrank stellen.

> *Achtung: Das Rezept geht nur mit H-Milch, nicht mit Frischmilch!*

Nachtisch und Süßes

Granité

2 Tassen Wasser

1 Tasse Zucker

1/2 Tasse frisch ausgepreßter Zitronensaft

2–3 TL abgeriebene Zitronenschale

Das Wasser mit dem Zucker aufkochen und bei kleiner Hitze 5 Minuten köcheln lassen, bis sich der Zucker restlos aufgelöst hat. Abkühlen lassen und den Zitronensaft und die abgeriebene Schale zugeben. In eine Metallschale füllen und im Tiefkühlfach gefrieren lassen. Mit einem Messer oder festen Löffel dünne Späne vom Gefrorenen abziehen und in gekühlten Gläsern servieren. Nach Geschmack mit kleinen Minzeblättern garnieren.

> *Ein schönes, einfaches Dessert für heiße Sommertage! Nicht zu lange im Tiefkühlfach lassen, sonst bilden sich Eisnadeln.*

Obstsalat von Himbeeren und Pfirsichen

3–4 Pfirsiche, weißfleischig oder, wenn zu haben: Weinberg-Pfirsiche, innen weiß-rosa

200 g Himbeeren

Grand Marnier oder ein anderer Orangen-Likör

eventuell Zucker

Die Pfirsiche, sie sollten reif sein und sehr schön duften, mit einem Messer vorsichtig schälen (eventuell vorher ganz kurz in kochendes Wasser halten), entkernen und in mundgerechte Stücke schneiden. Himbeeren waschen, die Stiele entfernen, mit Küchenpapier trockentupfen. In einer Schüssel die Früchte vorsichtig vermischen, 30 Minuten in den Kühlschrank stellen. Kurz vor dem Servieren nach Geschmack mit dem Likör parfümieren. Nur wenn notwendig, sparsam zuckern.

> *Ein sehr leichtes Dessert, wie ich es im Sommer liebe. Kaufen Sie nur weißfleischige Pfirsiche mit dem unverwechselbaren Aroma, das denen mit gelbem Fruchtfleisch fehlt!*

Rhabarberkompott

500 g Rhabarber

100–200 g Zucker

1 Zimtstange

5 cm Zitronenschale, unbehandelt

Von den Rhabarberstangen sehr sorgfältig die faserige Haut abziehen. Die Stangen in etwa 3 cm große Stücke schneiden. Sind die Häute nicht ganz entfernt worden, dann muß das jetzt für jedes Stück einzeln nachgeholt werden.

Nachtisch und Süßes

Die Rhabarberstücke in einer Schüssel mit etwa 100 g vom Zucker bestreuen und 2 bis 3 Stunden Saft ziehen lassen; dabei ab und zu umrühren. Mit Zitronenschale und Zimt im eigenen Saft, eventuell noch ganz wenig Wasser zugeben, auf kleinster Stufe garen. In wenigen Minuten ist das Kompott fertig. Der Rhabarber sollte durch sein, aber nicht zu weich. Man muß wirklich daneben stehen und immer wieder probieren. Nach Geschmack noch mehr Zucker zugeben. Zitronenschale und die Zimtstange entfernen und das Kompott abkühlen lassen.

Ist eine sehr gute Ergänzung zum Grießsoufflé.

> *Wenn beim Rhabarberkompott-Kochen das Telefon klingelt, sollte man entweder nicht rangehen oder den Topf vom Herd ziehen.*

Vanilleeis mit heißen Himbeeren

1 Paket tiefgekühlte Himbeeren
1 Packung Vanilleeis
evtl. Zucker

Die unaufgetauten Himbeeren in eine Pfanne schütten, bei mittlerer Hitze auftauen und heiß werden lassen. Ganz nach Geschmack zuckern. Das Vanilleeis in Dessertschalen portionieren (am besten mit einem Eiskugelformer), mit den heißen Himbeeren übergießen und sofort servieren.

Ananas mit süßsaurer Sahne

1 vollreife Ananas
1 Becher süße Sahne
1 Becher saure Sahne
Zucker nach Belieben

Die Ananas schälen, die braunen »Augen« mit einem spitzen Messer entfernen. Ananas längs vierteln, den hölzernen Strunk in der Mitte entfernen und das Fruchtfleisch in mundgerechte Stücke schneiden.

Die süße Sahne steif schlagen und mit der sauren Sahne vermischen. Nach Belieben zuckern. Auf oder neben den Ananas-Stücken servieren.

> *Die aromatischsten Ananas kommen mit dem Flugzeug zu uns (oft »Flug-Ananas« genannt). Nicht die Farbe, sondern der typische Duft ist das beste Erkennungsmerkmal für die optimale Reife der Frucht.*

Nachtisch und Süßes

Zwetschgen-Kompott

500 g reife Zwetschgen

1/4 l Rotwein

100 g Zucker

1 Zimtstange

Die Zwetschgen waschen, halbieren und entkernen. In einem Topf den Rotwein mit Zucker und der Zimtstange langsam aufkochen und die Zwetschgen bei ganz kleiner Hitze 6 bis 8 Minuten darin ziehen lassen. Der Wein darf dabei nicht kochen, höchstens ganz leise simmern (man nennt das pochieren). Die Früchte sollen weich werden, dürfen aber nicht zerfallen. Wenn man das Kompott gerne etwas dicklicher haben will, nimmt man die Früchte aus dem Sud und kocht diesen bei starker Hitze ein.

> *Schmeckt großartig zu der Crème anglaise oder mit dem selbstgemachten Joghurt, zu Grießsoufflé oder Topfensoufflé.*

Birnen mit saurer Sahne

4 Birnen, schön reif

1–2 Becher saure Sahne (oder Crème fraîche oder Joghurt oder alle zusammen)

Zitronensaft nach Geschmack

Zucker

Die Birnen schälen und auf einer Rohkostreibe reiben. Mit der sauren Sahne (oder Crème fraîche oder Joghurt oder einer Mischung aus allen dreien) vermischen. Mit Zucker und Zitronensaft abschmecken. Das Verhältnis von süß und sauer muß ausgewogen sein.

Wenn die Birnencreme etwas fester sein soll, kann man in wenig heißem Wasser aufgelöste Gelatine unter die Sahne rühren (das mache ich aber nie). Auf jeden Fall kalt servieren.

Himbeer-Mousse

500 g Himbeeren, frisch oder tiefgekühlt

Zucker nach Geschmack

1 Becher Schlagsahne (200 g)

4–5 Eiweiß (je nach Größe der Eier)

Tiefgefrorene Früchte langsam auftauen lassen. Die aufgetauten oder frischen Himbeeren im Mixer pürieren und durch ein Haarsieb streichen, mit Zucker nach Geschmack süßen. Eiweiß und Sahne in zwei Schüsseln getrennt mit etwas Zucker steif schlagen. Fruchtmus, Eischnee und Schlagsahne ganz vorsichtig vermischen. Bis zum Servieren kühlen.

Nachtisch und Süßes

Lebkuchen-Sauerkirsch-Nachtisch

10–12 Elisen-Lebkuchen (ohne Glasur)

2 Gläser Sauerkirschen (Schattenmorellen)

2 Becher Sahne à 200 g

Zucker und Kirschwasser nach Geschmack

Die Lebkuchen, es dürfen auch etwas härtere sein, von der Oblate trennen und im Mixer zerbröseln. Die Kirschen in ein Sieb geben, den Saft auffangen, etwas davon wird später benötigt. Die Sahne mit etwas Zucker steifschlagen.

In eine Glasschüssel eine Lage Lebkuchen-Brösel, eine Lage Kirschen mit etwas vom Saft und etwas mehr Kirschwasser, dann eine Schicht Schlagsahne füllen und so weiter, bis alles aufgebraucht ist. Die letzte Schicht soll aus Schlagsahne bestehen. Mindestens 1 Stunde kühl stellen.

Crème anglaise

200 ml Sahne

200 ml Vollmilch

3 Eigelbe

1 Vanilleschote

2 EL Zucker

Die Sahne in einen kleinen Topf gießen, dazu die Hälfte der Milch rühren. Die Vanilleschote der Länge nach aufschlitzen, die Kernchen mit einem Messer ausschaben. Vanillekernchen und die aufgeschlitzte Schote in die Sahne-Milch geben und langsam aufkochen.

Die Eigelbe mit der restlichen Milch verquirlen und zu der kochenden Sahne-Milch gießen. Mit einem Schneebesen kräftig aufschlagen und den Zucker unterrühren, fertig! Etwas abkühlen oder ganz erkalten lassen, nur zu Beginn noch ein- oder zweimal umrühren.

Zu Beerenfrüchten, Kompotten oder Bratäpfeln servieren. Die Crème hält sich auch im Kühlschrank bis zum nächsten Tag.

> *Ich nehme die aufgeschlitzte Vanilleschote nicht aus der Crème, sondern lasse sie darin, um das Aroma zu verstärken und damit meine Gäste sehen, daß tatsächlich eine ganze Schote für das Dessert verwendet wurde.*

Nachtisch und Süßes

Marillen-Knödel nach Art von Mama Biolek

500 g Quark (vorzugsweise Magerquark, abgetropft)

200 g Mehl

2 Eier

10–12 Aprikosen (= Marillen), reif aber nicht zu weich

10–12 Stück Würfelzucker

Mehl zum Formen der Knödel

Butter, Zucker und gemahlener Zimt nach Geschmack

Aus dem Quark, Mehl und Eiern einen Teig rühren und etwa 20 Minuten quellen lassen. Falls er gar zu weich ist, noch 1–2 EL Mehl zugeben.

Die Aprikosen waschen und trockenreiben, dann vorsichtig aufschneiden und die Kerne entnehmen; an deren Stelle jeweils ein Stück Würfelzucker einsetzen.

In einem großen Topf reichlich Wasser aufkochen und leicht salzen. Jede Aprikose mit dem Teig dünn ummanteln, ein Löffel und viel Mehl an den Händen hilft dabei.

Nachtisch und Süßes

Die Knödel in das Wasser legen, aber nicht zu viele auf einmal, sie kleben sonst aneinander. Jetzt dürfen sie nicht mehr kochen, sondern nur im heißen Wasser ziehen. Wenn die Knödel an die Oberfläche steigen, noch 7 Minuten garen, dann mit dem Schaumlöffel herausheben, aufschneiden und warm mit zerlassener Butter übergießen und mit Zucker und Zimt bestreuen.

> *Dies ist ein richtiges Partnerschaftsrezept, weil einer allein den Teig, der ziemlich weich ist, nur schwer an die Aprikosen bekommt! Da hilft es, wenn eine zweite Person bereitsteht und die bemehlten Hände aufhält.*

Crème brûlée

Für 4–6 Personen:

8 Eigelbe (von Eiern der Gewichtsklasse 3; falls die Eier kleiner sind, sollte man 9 oder sogar 10 nehmen)

65 g Zucker (wer es sehr süß liebt, nimmt mehr)

600 ml süße Sahne

1 Vanilleschote

Die Eigelbe mit 40 g Zucker verrühren, bis der Zucker aufgelöst ist. Die Vanilleschote längs aufschlitzen und die kleinen Kernchen mit einem Messer herausschaben. Die Sahne mit diesem Vanillemark unter ständigem Rühren erhitzen. Kurz vor dem Aufkochen vom Herd nehmen und die Eigelbe mit einem Schneebesen kräftig unterrühren.

Die Mischung im Wasserbad (der Topf wird in einen größeren Topf gehängt, in dem Wasser leise kocht) unter ständigem Rühren mit dem Schneebesen erhitzen, bis die Crème dickflüssig wird (beim Rühren den Topfboden und -rand besonders intensiv bearbeiten, sonst gibt es dort Rührei).

Die fertige Crème durch ein Haarsieb in eine ofenfeste flache Form gießen, auf Zimmertemperatur abkühlen lassen, dann mit Klarsichtfolie abdecken und (am besten über Nacht) im Kühlschrank durchkühlen lassen.

Mindestens 1 Stunde vorm Servieren den Grill anheizen. Den restlichen Zucker gleichmäßig auf die Crème streuen und die Form etwa 10 Minuten unter den heißen Grill schieben, bis der Zucker karamelisiert und zu einer festen Kruste geworden ist. Bis zum Servieren wieder kühl stellen.

> *Ein sehr gehaltvolles Dessert, aber praktisch, da gut vorzubereiten.*

Nachtisch und Süßes

Mandelpudding

200 g ungeschälte Mandeln

1/4 l Milch

1/4 l Sahne

2 EL Amaretto (Mandellikör)

4 Eier

3 EL Zucker

Butter für die Puddingform

Mandeln mit kochendem Wasser übergießen, einige Minuten ziehen lassen, dann das Wasser abgießen und die Mandelkerne enthäuten. In einem Blitzhacker portionsweise pürieren, dabei mit etwas Wasser anfeuchten.

Das Mandelpüree in eine Schüssel geben, die Milch aufkochen und darüber gießen. 30 Minuten quellen lassen, dann in ein mit einem Tuch ausgelegtes Sieb gießen, das Tuch fest ausdrücken (die Milch natürlich auffangen).

Diese Mandelmilch mit Sahne und Likör verrühren und aufkochen. In einer Schüssel die Eier mit dem Zucker verrühren, bis sich der Zucker aufgelöst hat. Die kochende Milch-Sahnemischung unter ständigem Rühren langsam zugießen.

Eine Puddingform dick mit Butter ausstreichen, die Eiermischung einfüllen und den Deckel aufsetzen oder mit Alufolie verschließen. In einen Topf stellen, heißes Wasser bis 5 cm unter den Puddingformrand einfüllen. Bei schwacher Hitze zugedeckt etwa 45 Minuten in diesem Wasserbad garen.

In der Form abkühlen lassen, dann stürzen (leichter geht das, wenn man die Form dann nochmal kurz in heißes Wasser hält).

Nach Belieben noch mit Zucker und gemahlenem Zimt bestreuen. Dazu passen auch gut pürierte Himbeeren.

Topfensoufflé

100 g Sahnequark

3 Eier

1 Zitrone, unbehandelt

50 g Zucker

Butter und Zucker für die Soufflé-Förmchen

Backofen auf 180 °C vorheizen, die Saftpfanne oder ein Backblech auf der untersten Leiste einschieben. Den Quark durch ein Sieb streichen, die Eier in 2 Schüsseln trennen, eine mit 3 Eiweißen, die zweite mit 2 Eigelben (das dritte für Rührei oder Omeletts aufbewahren).

Nachtisch und Süßes

Von der Zitrone etwa 1 TL Schale fein abreiben. In einer Schüssel den Quark mit den 2 Eigelben, 40 g Zucker und der Zitronenschale vermischen und mit einem Rührgerät schaumig schlagen.

Die 3 Eiweiß mit dem restlichen Zucker zu festem Schnee schlagen und unter die Quarkmasse heben. 4 Soufflé-Förmchen (oder ofenfeste Tassen) mit Butter einfetten, dann mit etwas Zucker ausstreuen und die Masse einfüllen.

Die Formen auf das Backblech stellen und etwa 2 cm hoch heißes Wasser auf das Blech gießen, dabei aufpassen, daß kein Wasser auf die Eimasse kommt. Im Ofen 20 bis 25 Minuten backen, vorher die Ofentür nicht öffnen, sonst fallen die Soufflés zusammen! Sofort aus dem Ofen heraus mit etwas Zucker bestreuen und zu Zwetschgen- oder Kirschkompott reichen.

Grießflammerie

1/2 l Milch

Salz

5 cm Zitronenschale (unbehandelt)

75 g Grieß

3 Eier

80 g Zucker

Zucker und gemahlener Zimt zum Bestreuen

Milch bei kleiner Hitze mit einer Prise Salz und der Zitronenschale zum Kochen bringen. Grieß in die Milch einlaufen lassen und einige Minuten ausquellen lassen, bis der Brei dick ist. Zitronenschale herausnehmen, den Grießbrei etwas abkühlen lassen. Die Eier trennen, die 3 Eigelbe und die Hälfte des Zuckers mit dem Brei verrühren. Die Eiweiße mit dem restlichen Zucker zu steifem Schnee schlagen und vorsichtig unterheben.

Portionsförmchen mit kaltem Wasser ausspülen und den Flammerie einfüllen. Abkühlen lassen, dann im Kühlschrank aufheben.

Mit Zimtzucker bestreut servieren. Am besten schmeckt es allerdings mit Rhabarber- oder Zwetschgenkompott oder mit anderen Früchten, dann aber nicht mit Zimt bestreuen.

> *Ähnlich wie bei der Crème brûlé kann man den daraufgestreuten Zucker (mit oder ohne Zimt) auch unter dem Grill karamelisieren.*

Nachtisch und Süßes

Grießsoufflé

Für 6–8 Personen:
1/4 l Milch
50 g Butter
50 g Grieß
1/2 Vanilleschote
4 Eigelbe
5 Eiweiße
70 g Zucker
Butter und Zucker für die Form
Puderzucker zum Bestreuen

In einem Topf die Milch, Butter und Grieß zusammen mit der längs aufgeschlitzten Vanilleschote unter Rühren aufkochen und den Grieß einige Minuten ausquellen lassen. Den Backofen auf 200 °C vorheizen. Die Grießmasse auf Handwärme abkühlen lassen, die Vanilleschote entfernen und die Eigelbe sowie ein Eiweiß einrühren. In einer Rührschüssel die restlichen 4 Eiweiße steif schlagen, dabei nach und nach den Zucker dazugeben. Eine Auflaufform ausbuttern und mit Zucker ausstreuen.

Den Eischnee locker unter die Grießmasse heben und in die Auflaufform füllen, sie sollte nicht mehr als zu drei Viertel voll sein. Die Souffléform in einen größeren Topf stellen, der mit etwa 90 °C heißem Wasser aufgefüllt wird (natürlich nur soweit, daß kein Wasser in die Auflaufform fließen kann). Vorsichtig in den Backofen schieben und 40 Minuten backen. Vorm Servieren mit Puderzucker bestreuen. Dazu schmecken, je nach Jahreszeit, kurz geschmorte Zwetschgen oder Aprikosen, aber auch Tiefkühlobst wie Himbeeren oder Beerenmischung.

> *Im Gegensatz zu anderen Soufflés ist hier das Zusammenfall-Risiko nicht halb so hoch. Wer süße Hauptgerichte mag, serviert das Grießsoufflé für 4 Personen.*

Palatschinken

140 g Mehl
gut 1/4 l Milch
2 Eier
1 Eigelb
Salz
Butter zum Braten
Aprikosenmarmelade zum Bestreichen
Puderzucker

Mehl mit einem Teil der Milch klümpchenfrei verquirlen, dann erst die Eier, das Eigelb und eine Prise Salz zugeben und zu einem glatten, dickflüssigen Teig verrühren. Nun noch so viel Milch zugeben, bis ein dünnflüssiger Teig entstanden ist.

Nachtisch und Süßes

Mit mehr Eidottern oder Sahne statt Milch werden die Palatschinken zwar feiner, aber auch schwerer.

Den Teig etwa 30 Minuten ausquellen lassen. Für jeden Palatschinken (Pfannkuchen) in der Pfanne etwas Butter erhitzen, mit einer Schöpfkelle etwas Teig eingießen, rasch in der Pfanne verteilen und auf beiden Seiten braun werden lassen. Die fertigen Palatschinken aus der Pfanne nehmen, mit Aprikosenmarmelade dünn bestreichen, einrollen und im Ofen bei 75 °C warmhalten. Wenn alle fertig gebacken sind, mit Puderzucker bestreuen und servieren.

> *Das Palatschinken-Rezept ist das Originalrezept des Hauses Sacher in Wien. Am besten brät man die dünnen Pfannkuchen in zwei Pfannen, dann geht es schneller.*

Nachtisch und Süßes

Salzburger Nockerl

6 Eier

gut 1/4 l ml Milch

50 g Butter

2 gestrichene EL Vanillezucker

140 g Zucker

6 gestrichene EL Mehl

2 gestrichene EL Puderzucker

Den Backofen auf 230 °C vorheizen. Die Eier sehr sorgfältig in Eiweiße und Eigelbe trennen. In einer feuerfesten flachen Form die Milch mit der Butter und dem Vanillezucker aufkochen.

Inzwischen die 6 Eiweiße zu einem festen Schnee schlagen, dabei nach und nach die Hälfte des Zuckers zugeben. Zum Eischnee 2 Eigelbe und den restlichen Zucker geben, das Mehl darübersieben und alles vorsichtig unterheben.

Von dieser Masse setzt man mit einem großen Löffel Nocken (daher auch der Name) in die Form mit der kochenden Milch, bestäubt alles mit Puderzucker und schiebt es für 8–10 Minuten in den heißen Ofen und backt die Nockerl goldgelb.

Vorsicht: Nockerl vertragen keine Zugluft, auch darf die Form nicht unsanft auf den Tisch gesetzt werden, sonst fällt alles zusammen!

> *Vanillezucker kann man leicht selbst machen. In einem Schraubglas der Länge nach gespaltene Vanilleschoten (2–3 Stück) mit 150 g Zucker vermischen. Dunkel gestellt einige Tage durchziehen lassen.*

Mamas Nußfülle für Oblaten oder Biskuitböden

150 g Zucker

80 g Butter

100 g Walnüsse, gemahlen

2 Eier

In einem kleinen Topf bei kleiner Hitze den Zucker schmelzen lassen, etwas Wasser und die Butter sowie die Walnüsse dazugeben und gut rühren, bis die Masse zu kochen beginnt. Dann den Topf vom Herd nehmen und die Eier dazurühren. Wieder auf kleiner Stufe erhitzen und kräftig durchrühren. Noch warm zwischen Oblaten oder Biskuitböden füllen.

Nachtisch und Süßes

Apfeltarte

für 2 Formen von jeweils 25 cm Durchmesser:

2 Scheiben Tiefkühl-Blätterteig

Mehl zum Ausrollen des Teiges

Butter zum Ausstreichen der Formen

3–4 säuerliche Äpfel (Boskop, Elstar)

etwa 75 g Zucker mit 1/2 TL Zimtpulver gemischt

Butterflöckchen zum Backen

Auf einem bemehlten großen Brett die Blätterteigscheiben dünn ausrollen, so daß jeweils eine Scheibe in eine Tarteform paßt.

Die Formen leicht mit etwas Butter ausstreichen, mit dem Blätterteig auslegen. Den überhängenden Teig wegschneiden.

Backofen auf 200 °C vorheizen. Die Äpfel schälen, die Kerngehäuse ausstechen, Äpfel vierteln und in etwa 1,5 cm dicke Spalten schneiden. Die Teigplatten schuppenartig mit den Apfelspalten belegen und nach Geschmack mit Zucker und Zimt bestreuen.

Einige Butterflöckchen auf die Äpfel geben, dann die Formen auf der 2. Schiene von oben in den Ofen schieben und etwa 25 Minuten backen. Lauwarm zum Tee servieren oder als leichtes Dessert nach einem Essen, vielleicht mit einer Kugel Walnußeis daneben.

> *Statt Äpfel kann man auch Birnen verwenden; dann heißt das Birnentarte.*

Schokoladentorte

Für eine Backform von 20 x 24 cm:

200 g Blockschokolade

100 g Butter

160 g Zucker

3 Eier

2 EL Mehl (50 g)

Puderzucker zum Bestreuen

Einen kleineren Topf in einen größeren mit kochendem Wasser stellen und in diesem Wasserbad die in Stücke gebrochene Schokolade mit 2 EL Wasser schmelzen lassen. Butter und Zucker zugeben und zergehen lassen. Die Eier trennen, die 3 Eigelbe und das Mehl unter die Schokomasse rühren und gut vermischen. Die 3 Eiweiße sehr steif schlagen und vorsichtig unterheben.

Nachtisch und Süßes

Eine flache Kuchenform mit Backpapier auslegen, die Masse einfüllen und in den kalten Backofen schieben. Den Regler jetzt erst auf 180 °C einschalten und die Torte 40 bis 50 Minuten backen. Jeder Ofen ist anders, deshalb läßt sich die Zeit nicht genau angeben.

Es kann auch 60 Minuten dauern, bis die Torte fest ist. Mit einem Holzstäbchen hineinstechen und prüfen, ob noch flüssiger Teig beim Herausziehen daran hängen bleibt. Die fertige Torte aus dem Ofen nehmen, auf ein Gitter stürzen und das Backpapier abziehen. Auskühlen lassen. Zum Servieren mit Puderzucker bestreuen und in Rechtecke schneiden.

Diese gehaltvollen Schokostückchen zergehen auf der Zunge! Die Torte kann auch in einer Springform (28 cm Durchmesser) gebacken und in Tortenstücke aufgeschnitten werden.

Wer seine Freunde empfängt und nicht persönlich für das Mahl Sorge trägt, ist nicht wert, Freunde zu haben.

Anthelme Brillat-Savarin

Rezeptregister

Rezepte von A bis Z

A/B

A la keka (Tomatensauce)	53
Aioli	85
Ananas mit süß-saurer Sahne	144
Apfelragout, Lauwarmes	142
Apfeltarte	154
Artischocken	28
Bäckerofen, Gemüse-	79
Beinscheiben, Geschmorte	128
Bio's Bohnensuppe	42
Birnen mit saurer Sahne	145
Blattspinat	68
Bœuf Stroganoff à la Anne	131
Borschtsch	43

C/D

Crème anglaise	146
Crème brûlée	148
Crostini di fegatini	20
Curry-Shrimps-Sahne	58
Deftiger Kartoffel-Gratin	45
Dill-Senf-Sauce	22

E/F

Eingelegter Feta	21
Ente à l'Orange	108
Entenbraten klassisch	112
Entenbrust mit Zuckerschoten	108
Entenbrust-Filets mit Preiselbeersahne	110
Feines Fischragout	94
Feines Linsengemüse	68
Feldsalat mit Rote Bete und Walnüssen	27
Fenchel mit Mornaysauce (Variante)	47
Fenchel-Schinken-Nudelauflauf	46
Feta, Eingelegter	21
Fettuccine all' Alfredo	58
Fisch im eigenen Saft	91
Fisch im Wirsingblatt	92
Fisch in Folie – exotisch	93
Fischragout, Feines	94
Fischsuppe, Schnelle	84
Fleischlaiberl à la Monika	120
Friséesalat, Geschmorter	69

G

Gazpacho	34
Gebeizter Lachs oder Lachsforelle	22
Gefüllte Kalamari	86
Gegrillter Schwertfisch – griechisch	92
Gemüse auf asiatische Art	72
Gemüse-Bäckerofen	79
Gemüsepfanne mit Pfifferlingen	70
Geschmorte Beinscheiben	128
Geschmorter Friséesalat	69
Gnocchi a la Franca	61
Granité	143
Griechischer Lauch	25
Grießflammerie	150
Grießsoufflé	151
Grüner Spargel mit Vinaigrette	24
Gulasch nach Mama Biolek	121

H/I/J

Hähnchenfilets mit Kräutersauce	111
Hammelkeule à la Rosana	127
Hase flämisch, süß-sauer (geht auch mit Kaninchen)	136
Hasenrücken	134
Himbeer-Mousse	145
Hirschkalbsrücken mit Champignons	137
Huhn mit grünem Spargel und Zuckerschoten	102
Huhn mit Zwiebeln in Weinsauce	105
Huhn oder Kaninchen in Koriandersauce	107
Huhn, Indisches, nach Monty Pythons	100
Huhn, Provenzalisches	100
Hühnersuppe – etwas asiatisch	36
Hummerkrabben in Morchelrahm	88
Hummerkrabben mit Tomaten	88
Indisches Huhn nach Monty Pythons	100
Irish Stew »my way«	43
Joghurt türkische Art	142

K/L

Kalamari, Gefüllte	86
Kalbsgeschnetzeltes, klassisch	123
Kalbsnieren in Senfsauce	123
Kaninchen alla Renardo	133
Kaninchen provenzalisch	132
Kartoffel-Brunnenkresse-Salat	31
Kartoffel-Gratin, Deftiger	45
Kartoffel-Lauch-Suppe	38
Kartoffelklößchen	80
Kartoffeln, Neue, mit Minze	77
Kartoffeln, Rosmarin-	77
Kräuter-Risotto mit Langustinen	65
Kräuter-Vinaigrette	25
Kretisches Omelett	23

L

Lachs, Gebeizter, oder Lachsforelle	22
Lammkeule	125
Lammkoteletts, Marinierte	124
Lammrücken	126
Lauch, Griechischer	25
Lauchgratin	76
Lauchtorte	21
Lauwarmes Apfelragout	142
Lebkuchen-Sauerkirsch-Nachtisch	146
Linsen auf indische Art	75
Linsengemüse, Feines	68
Lungenbraten nach Mama Biolek	130

M/N

Mamas Nußfülle für Oblaten oder Biskuitböden	153
Mandelpudding	149
Marillenknödel nach Art von Mama Biolek	147
Marinierte Lammkoteletts	124
Maronencremesuppe	38
Medaillons aus Hühnerfilets mit Wasserkastanien und Kaiserschoten	98
Meine Tomatensauce	54
Miesmuscheln	87
Minuten-Roastbeef mit Rucola und Parmesan	118

Rezeptregister

Mit Gemüse gefüllte Rinds-
  rouladen   120
Mit Wirsing gefüllte Täubchen   99
Möhren mit Kümmel   69
Neue Kartoffeln mit Minze   77
Nudelsalat   31
Nußfülle, Mamas, für Oblaten
  oder Biskuitböden   153

O/P

Obstsalat von Himbeeren und
  Pfirsichen   143
Ochsenschwanz-Suppe   41
Olivensauce   52
Omelett, Kretisches   23
Orangen-Avocado-Salat mit
  Shrimps   27
Palatschinken   151
Pasta à la Scott   60
Pasta kochen (Grundrezept)   52
Penne all'arrabiata   60
Pesto Genovese   56
Pfifferlingsauce   57
Pichelsteiner Eintopf   40
Piemonteser Tomatensauce   55
Pilzsuppe   35
Platt-Huhn, Toskanisches   106
Provenzalisches Huhn   100

R

Ratatouille à la Niçoise   70
Ratatouille im Römertopf   74
Räucherforellenmousse   23
Reform-Kartoffeln   76
Rehkeule   139
Rehrücken, weihnachtlich   138
Rhabarberkompott   143
Rindsrouladen, Mit Gemüse
  gefüllte   120
Rindssuppe nach Mama Biolek 39
Risotto Milanese   64
Risotto mit Radicchio   64
Risotto mit Steinpilzen (Var.)   64
Risotto, Kräuter-, mit
  Langustinen   65
Risotto-Grundrezept   62
Rosmarin-Kartoffeln   77
Rote Bete Salat   26
Rouille   85
Rucolasauce   52

S

Safran-Toast   20
Salat Olpe   26
Salat von Chicorée und
  Crevetten   28
Salzburger Nockerl   153
Saucen, Schnelle, zu Spaghetti 52
Sauerampfer-Süppchen   35
Saure oder Blaue Zipfel   118
Schellfisch in Senfbutter   94
Schmortopf »Mont Ventoux«   122
Schnelle Fischsuppe   84
Schnelle Tomatensauce   53
Schokoladentorte   154
Schweinefilet mit Äpfeln   127
Schwertfisch, Gegrillter, –
  griechisch   92
Semmelknödel   80
Senfsabayon   25
Serviettenknödel   78
Shrimps mit Ingwer
  (chinesisch)   90
Spaghetti al burro con salvia   59
Spaghetti alla puttanesca   56
Spargel, Grüner, mit
  Vinaigrette   24
Stampfkartoffeln mit
  Löwenzahn   77
Steinpilze in Sahne   59
Stifátho von Hasenkeulen   134
Stubenküken »Tandoori«   103

T

Tafelspitz mit Apfelkren   129
Tagliatelle al gorgonzola   57
Täubchen, Mit Wirsing gefüllte 99
Thunfisch mit Lorbeer   91
Tomatensauce – klassisch   54
Topfensoufflé   149
Toskanisches Platt-Huhn   106

V/W/Z

Vanilleeis mit heißen
  Himbeeren   144
Wachteln auf Romanasalat   29
Welscher Salat   30
Wildentenbrust auf Wein-
  Sauerkraut mit Trauben   113
Wirsing-Auflauf   47
Zitronen-Huhn   104
Zucchini mit Tomaten
  geschmort   72
Zwetschgen-Kompott   145

Bildnachweis

Franziska Becker:
Seite 10, 14, 23, 29, 34, 37, 44, 53, 62, 73, 87, 101, 109, 125, 135, 147, 155

Papan:
Seite 18, 24, 41, 50, 65, 69, 71, 74, 81, 84, 89, 95, 104, 117, 119, 152, 155

Lungenbraten.

Rindsbraten spicken lassen.
Klein geschnittene Karotten,
Sellerie, Petersilienwurzel, Zwiebel
mit Lorbeerblatt, Pfefferkörner u.
Wacholderbeeren sowie Speck in
Öl dünsten. Mit Essig, Zucker-
salz u. Pfeffer abschmecken. Braten
mit Thymian einreiben - von allen
Seiten kurz anbraten und dann
mit Wasser aufgießen. Ca 1 Std.
dünsten. Fleisch rausnehmen. ⊕
Rest durchpassieren u. mit saurem
Rahm, Zucker, Salz, Zitronensaft
u. Mehl eine Soße machen. Evtl.
etwas stauben.

⊕ in Alu-Folie